*Die Autorin **Hilke Maunder** ist in Hamburg zuhause – und stolz auf ihren friesischen Vornamen, den sie im Altfriesischen Haus von Keitum auf der Rückenlehne eines Stuhls entdeckte.*

*Die Fotografin **Sabine Lubenow** aus Düsseldorf, bereits mehrfach für den HB Bildatlas unterwegs, kennt und liebt die nordfriesische Landschaft seit langem.*

Liebe Leserinnen, liebe Leser,

ich musste Sabine Lubenow, die Fotografin dieses HB Bildatlas, nicht lange überreden, den Auftrag Sylt, Amrum, Föhr und die kleinen Nachbarinseln fotografisch festzuhalten, hat sie sofort gern übernommen. Kein Wunder, besitzt Frau Lubenow doch ein Feriendomizil in der Nähe von Husum, wo sie viele Wochen des Jahres verbringt. Von dort war es nicht weit, immer wieder die Nordseeinseln zu besuchen. Und das hat sich gelohnt, viele ihrer Inselbilder sind außergewöhnlich stimmungsvoll, zeigen bedrohliche Wolkenformationen und immer wieder strahlend helle Landschaftsmotive. Aber schauen Sie selbst ...

Inseln für jeden Geschmack

Die Bilder der einzelnen Kapitel und natürlich auch die Texte von Hilke Maunder belegen, dass jede der Nordseeinseln ihren ganz eigenen Charakter hat. Nur wer wirklich Ruhe und Abgeschiedenheit sucht, wird Nordstrand oder Pellworm als Urlaubsziel wählen, die Halligen sind ein weltweit einzigartiges Phänomen, da muss man einfach mal gewesen sein, und jede der Inseln Sylt, Amrum und Föhr hat ihre ganz besondere Besucherklientel. Vor allem Familien zieht es nach Föhr, auf Amrum fühlen sich Individualisten wirklich wohl, und Sylt bietet eigentlich für jeden etwas. Eine einzigartige stille Natur in List, in Kampen und Keitum dagegen will man sehen und gesehen werden. Ich persönlich mag übrigens Sylt im Winter ganz besonders, ich erinnere mich an strahlend helle Februartage, an von Rauhreif überzogene Dünen und einsame Sandstrände. Im Februar hat man Sylt fast für sich allein.

Tote Tanten und miese Muscheln

Auch die Küche der Inselfriesen kommt in diesem HB Bildatlas nicht zu kurz. In unserem Schlemmerkapitel „Savoir Vivre" präsentieren wir Ihnen die schönsten Spezialitäten der Region, deren Namen mitunter nichts Schmackhaftes ahnen lassen – aber eine „Tote Tante" wird Ihnen nach einer Radtour sicherlich genauso munden wie mir! Traditionelle Gerichte rund um das berühmte Salzwiesenlamm stehen alljährlich im Zentrum der Nordfriesischen Lammtage, die auch auf den Inseln gefeiert werden. Und natürlich gehört zu jedem nordfriesischen Inselurlaub dazu: Krabben am Kai, fangfrisch vom Kutter!

Erholsame und genussreiche Tage wünsche ich Ihnen!
Herzlich Ihre

Birgit Borowski
Programmleiterin HB Verlag

Die Frieseninsel

Auf Föhr zeigt sie sich noch am ausgeprägtesten: Friesenkultur. Augenfälliger Bestandteil sind die Friesenhäuser, natürlich mit Reet gedeckt und charakteristischem Quergiebel.

Im Schutz des Korbs

Ohne das geflochtene Strandmöbel ist ein Urlaub am Meer für die meisten Feriengäste kaum vorstellbar – und das nicht nur in Hörnum auf Sylt.

Blick dahinter

Sylter Rosen gehören zum geschätzten und bekannten Teil der Insel. Welch komplizierter und empfindlicher Lebensraum sich dahinter verbirgt, zeigt die Station Wattenmeer.

Amphibische Welten

Nirgendwo ist der Himmel höher – Hallig-Besuchern erscheint es zumindest so. Vielleicht liegt es daran, dass hier nur wenige Meter das Land über das Meer erheben.

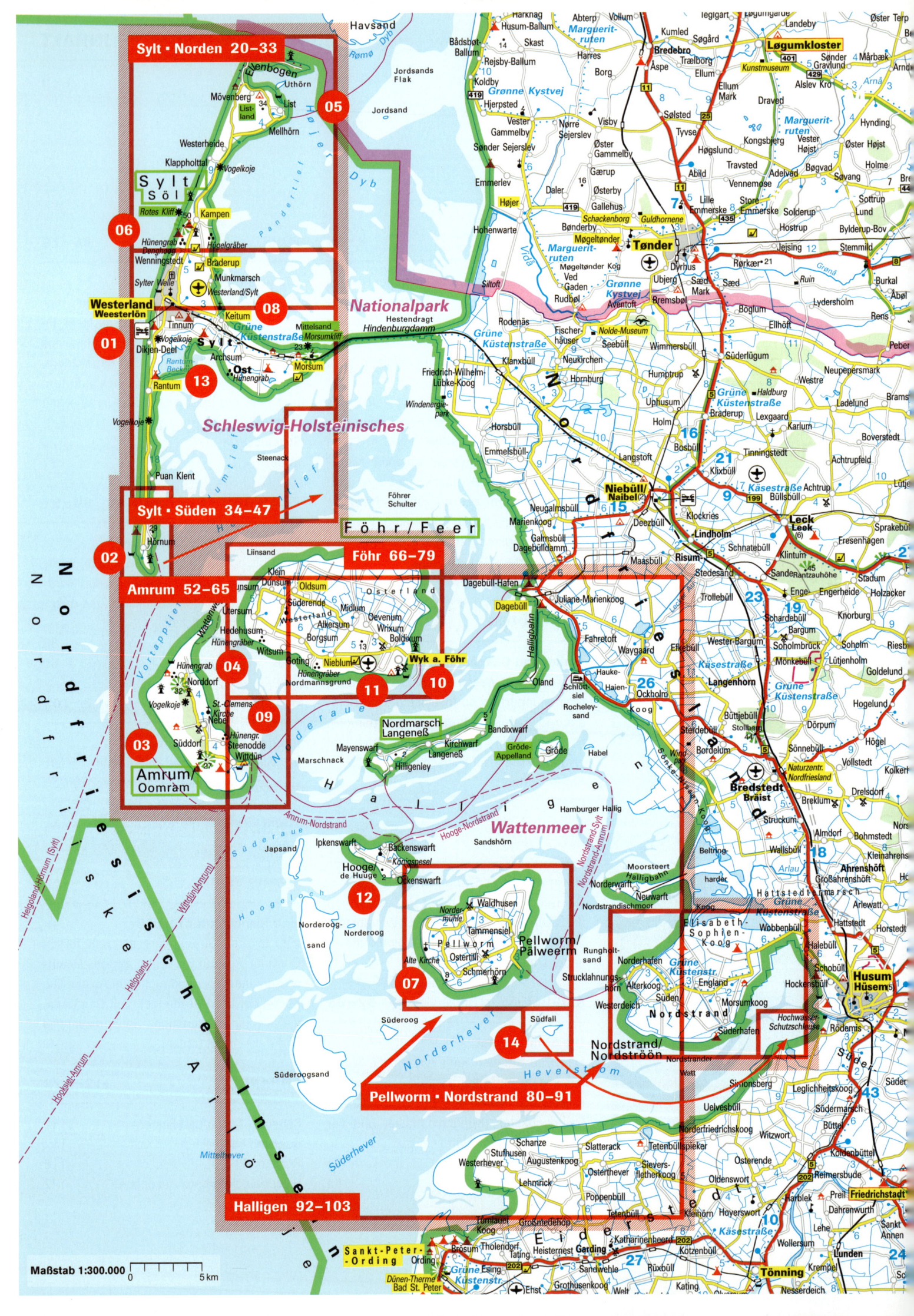

▶ DIE BESTEN TIPPS DER REDAKTION

INSELN UNTER HOHEM HIMMEL

Vor der Westküste Schleswig-Holsteins liegen die 15 Nordfriesischen Inseln. Schick und groß wie Sylt (Foto), ursprünglich und winzig wie Gröde-Appelland, die kleinste der Halligen. Urwüchsige Dünen, majestätische Kliffs und feinsandige Strände säumen die Küste, schmucke Reetdachdörfer mit romantischen Bauerngärten, blühende Heide und fruchtbares Marschland das Innere. Doch bei allen Gemeinsamkeiten ist jede Insel einzigartig – so kann jeder sein ganz persönliches Lieblingseiland entdecken!

WUNDERWELT
DER HALLIGEN

Sie sind weltweit einzigartig: die Halligen. „Schwimmende Träume" hat Theodor Storm sie genannt. Ungeschützt vor dem Meer liegen die zehn Eilande mitten im Nationalpark Schleswig-Holsteinisches Wattenmeer. Im Winter heißt es oft „Landunter", im Frühjahr nisten Tausende Ringelgänse auf den Salzwiesen dieser Inselchen. Später verwandeln Strandnelken und Stechginster die Halligen in ein Blütenmeer, heiter und unbeschwert wie der nordfriesische Sommer (Foto: Hallig Hooge).

ALTES BRAUCHTUM QUICKLEBENDIG

Biikebrennen statt Osterfeuer, Söl'ring statt Hochdeutsch, Ringreiten, Rummelpott und Trachtentanz: Ob jung oder alt, bei den Bewohnern der Nordfriesischen Inseln steht das überlieferte Brauchtum hoch im Kurs. Traditionen werden hier nicht inszeniert, sondern gelebt. Und Gäste sind dabei stets willkommen!

STILLE ZAUBERWELT

Mal stürmisch und wild, dann wieder sanft
und spiegelglatt bis an den Horizont, still
und weit unter einem Himmel voll über-
raschender Lichteffekte: So ist das Watt. Ein
Lebensraum der Extreme, der nimmt und
gibt. Alle sechs Stunden wechseln Ebbe und
Flut, verändern Sand und Schlick seine
Gestalt. Wer hier lebt, muss anpassungsfähig
sein. Auch unter Wasser: Dieser Küstenraum
ist die Kinderstube der Nordsee.

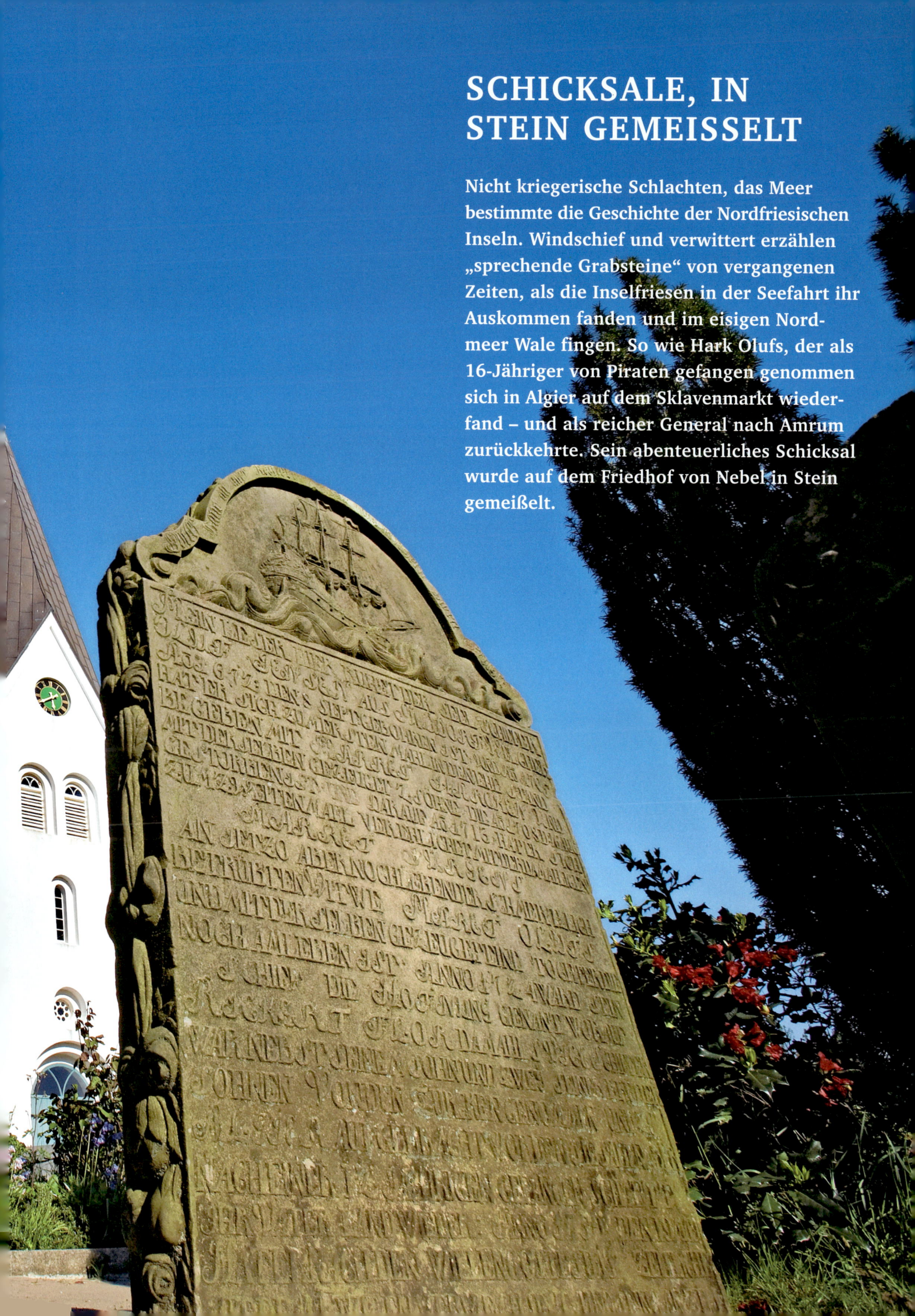

SCHICKSALE, IN STEIN GEMEISSELT

Nicht kriegerische Schlachten, das Meer bestimmte die Geschichte der Nordfriesischen Inseln. Windschief und verwittert erzählen „sprechende Grabsteine" von vergangenen Zeiten, als die Inselfriesen in der Seefahrt ihr Auskommen fanden und im eisigen Nordmeer Wale fingen. So wie Hark Olufs, der als 16-Jähriger von Piraten gefangen genommen sich in Algier auf dem Sklavenmarkt wiederfand – und als reicher General nach Amrum zurückkehrte. Sein abenteuerliches Schicksal wurde auf dem Friedhof von Nebel in Stein gemeißelt.

STRANDLEBEN MIT ERLEBNISGARANTIE

Segeln, schwimmen oder surfen, Strandwandern oder einfach nur faulenzen im Strandkorb: Jede der 15 nordfriesischen Urlaubsinseln bietet ihren Gästen vielerlei Möglichkeiten. Für Abwechslung sorgen Dorf- und Hafenfeste, Musik- und Literaturfestivals, Muschel- und Lammtage.

Königin der Gegensätze

Spektakuläre Wanderdünen, romantische Heide-
täler, dunkles Moor, farbige Steilufer und feinste
Sandstrände, hohe Nordseewellen und endlos
wirkendes Wattenmeer: So vielfältig und reizvoll
wie die Natur präsentieren sich auch die Orte im
Sylter Norden und Westen.

Der Lister Ellenbogen mit seiner Dünenlandschaft,
nördlichster Teil der Insel Sylt

01

02

03

04

05

„Unter allen Umständen bade man ohne Kleider. Denn (die Kleider) vereiteln gar leicht den Erfolg des ganzen Badens."

Sylter Arzt A. Jenner um 1850

Besonders ursprünglich zeigt sich die Natur auf Sylt, der mit 99 Quadratkilometern größten deutschen Nordseeinsel, im Listland. Eine Mautstrecke erschließt die Düneneinsamkeit des Ellenbogens. Die 1300 Hektar große Nordspitze ist komplett in der Hand alteingesessener Familien und seit 1921 Naturschutzgebiet. Das Baden gilt wegen der starken Meeresströmung als lebensgefährlich – die „große Runde" zu Fuß rund um die Nordspitze jedoch als beeindruckendes Naturerlebnis. „Wie Gletscher eines Hochgebirges" empfand der Dichter Gerhart Hauptmann die Lister Dünenwelt. Besonders imposant ist die Große Wanderdüne, ein rund 30 Meter hoher und einen Kilometer langer Sandberg, den der kräftige Westwind immer weiter gen Osten treibt. Um diese Wildnis so ursprünglich wie möglich zu erhalten, darf das Naturschutzgebiet schon seit langem nicht betreten werden.

Der stete Wandel prägt nicht nur die Dünen des Listlandes, sondern auch die nördlichste Gemeinde Deutschlands. Seit 2007 ein militärisch knappes „Meine Damen und Herren, das war's" nahezu ein Jahrhundert Marine und Fliegerei in Sylts Norden beendete, gibt es in List reichlich Platz und Pläne, um den längst überfälligen Ausbau der touristischen Infrastruktur nachzuholen.

Auf dem Weg in neue Zeiten

Wahrzeichen des neuen List ist der umgestaltete Hafen mit seinen Buden und Boutiquen, der zur Einkaufspassage verwandelten Tonnenhalle, dem Fähranleger und der „nördlichsten Fischbude Deutschlands", mit der Jürgen Gosch seine Karriere als „Fischkönig" begann. 1966 war der gebürtige Eiderstedter als Maurergeselle auf Montage nach Sylt gekommen. Um seinen Lohn aufzubessern, verkaufte der damals 25-Jährige nach Feierabend frische Krabben und Aal an die Feriengäste, 1972 folgte ein kleiner Krabbenstand am Lister Hafen. Aus der „nördlichsten Fischbude Deutschlands" hat sich eine Eventgastronomie entwickelt, die Gosch in ganz Deutschland bekannt machte. Und so ist ein Besuch seiner „Alten Bootshalle" für viele Sylt-Urlauber Kult – auch wenn das Ambiente mit Fischernetzen, Meerjungfrauen und reichlich touristischem Rummel arg an ein maritimes Hofbräuhaus erinnert.

Ebenfalls kulinarischer Klassiker aus List ist die „Sylter Royal". Die Felsenauster wird seit 1986 wieder von Dittmeyers Austerncompagnie, Deutschlands einziger Austernzucht, im Wattenmeer vor List gezüchtet. Doch seit wenigen Jahren hat die Sylter Königin Gesellschaft bekommen: Sylter Kombu Royal – mit botanischem

01 *Eigentlich ist Strandburgen bauen aus Küstenschutzgründen verboten: Strand bei Kampen*
02 *Der gusseiserne Leuchtturm List-West sichert seit 1858 die Schifffahrt nördlich der Insel*

03 *Friesenarchitektur auf dem Ellenbogen*
04 *Wegen ihrer Nesselzellen von Urlaubern gefürchtet: Feuerqualle auf dem Trockenen*
05 *Abendstimmung vor dem Roten Kliff*

04

05

SPECIAL   Ernährung

Appetit auf Algen

In Südostasien werden jährlich neun Millionen Tonnen Algen verspeist. Jetzt soll das Gemüse aus dem Meer auch die Küchen Europas erobern.

Die Deutsche Bundesstiftung Umwelt (DBU) unterstützt mit 100 000 Euro ein Pilotprojekt in List. Am dortigen Alfred-Wegener-Institut für Polar- und Meeresforschung wird in 2000-Liter-Meerwassertanks der Sylter Algenfarm die braune Meeresalge Laminaria saccharina gezüchtet – zur besseren Vermarktung mit dem klangvollen Namen Sylter Kombu Royal versehen. Bei Dittmeyer's Austern-Compagnie, wo die Alge während der warmen Sommermonate im Keller überwintert, hat sie bereits die Speisekarte erobert. Leicht in Butter angebraten, in einem Gemüse-Weißwein-Sud geschwenkt und mit Knoblauch abgeschmeckt oder als schmackhafter Mantel um gebratene Scampis auf einem Spaghettinest wird sie hier interessierten Gästen serviert. Großen Appetit auf frische Algen hat auch die Hochpreis-Meeresschnecke Abalon, die ebenfalls in den Lister Meerwasser-Gewächshäusern aufwächst. Als sogenanntes „Sylter Meerohr" geht sie im Alter von vier Jahren für solide 20 Euro je Kilogramm nach Südostasien.

Namen Laminaria saccharina, eine braune Meeresalge, die nach dem Willen der europäischen Unionisten aus Brüssel als gesundes Gemüse künftig unseren Speiseplan bereichern soll.

Um List nicht nur als Urlaubsziel, sondern auch als Standort der Wissenschaft zu stärken, soll sich die ehemalige Marineversorgungsschule zum „Campus Sylt" wandeln. Wo von 1958 bis 2007 Schiffsköche, Sanitäter, Zahlmeister und Stabsoffiziere ihren letzten Schliff bekamen, sollen künftig Studenten unterrichtet werden. Doch bis hier ein Projekt umgesetzt wird, kann es lange dauern. So mussten die Lister vier Jahre bis zum ersten Spatenstich des ersten Luxushotels im Sylter Norden warten. Umso größer ist nun die Freude, dass Ende 2009 das „Grand Spa A-Rosa" mit 193 Luxuszimmern, Gourmetrestaurant und 4000 Quadratmeter großem Spa-Bereich erstmals betuchte Wellness-Fans empfangen wird.

Das St. Tropez des Nordens

Das mondäne, glamouröse Sylt ist allerdings in Kampen zu Hause. Hier besitzt man mit der 52 Meter hohen Uwe-Düne nicht nur den höchsten Punkt der Insel, sondern auch die höchsten Immobilienpreise – umso bemerkenswerter ist es daher, dass die Heide zwischen dem Roten

Kliff und dem Ortskern nicht bebaut werden darf. Seit 1913 regelt die Bauordnung zudem nicht nur die Höhe der Häuser, sondern auch ihr Aussehen: Rotklinker mit Reetdach ist Pflicht. Der Schriftsteller Ernst Petzoldt lästerte daher damals: „In der Dämmerung könnte man das Dorf für eine weidende Mammutherde halten."

Doch der Attraktivität Kampens, das sich damals noch mit C schrieb, tut dies keinen Abbruch. Im Gegenteil. „Hier rummelt sich die komischste Gesellschaft, die Sie sich denken können, nur Menschen von Interesse, die zu dieser Landschaft in Beziehung stehen – Musiker, Schriftsteller, überhaupt Künstler", so der Schriftsteller Hermann von Wedderkop 1927 in seinem Gesellschaftsroman „Adieu Berlin". Vor allem Verleger entdeckten ihr Herz für dieses Fleckchen Sylter Dünenlandschaft. Ferdinand Avenarius, Ernst Rowohlt, Siegfried Jacobsohn, Peter Suhrkamp und Axel Cäsar Springer logierten zwischen Kliff und Heide und lockten in ihrem Gefolge Künstler und Schriftsteller wie Thomas Mann an. Begeistert schrieb Max Frisch aus Kampen: „Man badet hier nackt, und das ist herrlich." Marcel Reich-Ranicki, der Jahre später die vielgerühmte Freikörper-Kultur am Kampener Strand sah, erblickte indes nur „Quadratkilometer Schamhaar". Ob Aufklärung mit Oswald Kolle an der

01 *Fähre von Sylt hinüber nach Rømø*
02 *Piratenfahrt auf der in List beheimateten „Gret Palucca"*
03 *Mittlerweile eine Legende: „Sylter Royal"*

04 *Aus List nicht mehr wegzudenken: Jürgen Gosch in der „Alten Bootshalle"*
05 *Gut gelaunte Besucher in Wenningstedts „Strandbar Wonnemeyer"*

01

02

03

04

05

Erst von Künstlern und Intellektuellen bevorzugt, wurde Kampen zum Treffpunkt der Schönen und Reichen.

01 Typisch Kampen: Kaffee in der „Kupferkanne", ...
02 ... Champagner am Strandwai ...
03 ... oder als Appetithappen ein paar Sylter Royal

04 Es kann Abend werden in Kampen: Cocktail-
stunde im „Gogärtchen", ...
05 ... vor dem sich automobile Pretiosen reihen

01

02

03

04

Erosion

Kampf um Sylt

Das berühmte Rote Kliff bröckelt. Wie sehr die Nordsee an der Insel nagt, zeigt sich besonders in Wenningstedt, das vor 1000 Jahren noch zwei Kilometer weiter westlich lag.

Damals besaß das heutige Familienbad für seine Heringsfischer den größten Hafen der Insel. Bei der dreitägigen „Groten Mandränke" 1362, die auch das sagenhafte Rungholt vernichtete, wurden Ort und Hafen von den Wellen verschluckt. Trotz aller Buhnen und Betonbefestigungen schrumpft Sylt bis heute. Eine Million Kubikmeter Sand reißt die See jeden Winter mit sich fort – und jedes Frühjahr baggert eine dänische Firma gegen den Schaden an. Aus 15 Metern Tiefe holt sie Millionen Tonnen Sand herauf und spült sie vor die Westküste – bis die See sie wieder raubt. Mehr als zwei Millionen Euro kostet diese Aktion jedes Jahr. Dennoch ist Sylt langfristig kaum noch zu retten. Bereits 2050 werde Sylt in zwei Teile, im Jahr 3000 sogar in fünf Inseln zerfallen sein, sagen die Wissenschaftler. Verschärft wird das Problem durch den Anstieg des Meeresspiegels im Zug des Klimawandels. Bis zum Jahr 2100 wird die Nordsee, so die Forscher, um 50 Zentimeter höher stehen als heute.

legendären Buhne 16 oder wilde Gelage: Die Schlagzeilen der High-Society machten Kampen zum berühmtesten Dorf der Republik. Wer zum Jet-Set gehören wollte, ging nachmittags ins „Gogärtchen", abends in die „Kupferkannne" und später zur Party ins „Pony". Das Geschehen am 300 Meter langen Strönwai, der Hauptstraße des kleinen Ortes, war dem Fernsehsender RTL Mitte der 1990er-Jahre sogar eine eigene TV-Serie wert. In der auf der Insel gar nicht so gern gesehenen Reihe „Sylter Geschichten" standen Claus Wilcke, Anja Schüte, Heinz Hoenig und Sonja Kirchberger für die Tratsch- und Klatschgeschichten der Schickeria vor der Kamera.

Sylt als Festung

In den 1930er-Jahren galt die Insel auch unter Nazi-Größen als chic. So hatte auch Hermann Görings Ehefrau Emmy ein Ferienhaus hier, „Min Lütten" in Wenningstedt, das sich bis heute als Familienbad präsentiert. Doch schon wenige Jahre später wurde die Insel zum Sperrgebiet: Während des Zweiten Weltkriegs wurden von List bis Hörnum gewaltige Bunkeranlagen in die Dünen am Weststrand gebaut, die heute die Erosion wieder freigibt.

Nicht immer ist das Meer am Roten Kliff so friedlich

01 *Wo sonst kann so schön gebuddelt werden: …*
02 *… am Strand von Wenningstedt*
03 *Zu Besuch in Vorzeiten: Großsteingrab „Denghoog"*
04 *Friesenhaus nach altem Vorbild in Braderup*

Allen Wünschen gerecht

Hier zeigt Sylt, warum seine 99 Quadratkilometer Deutschlands beliebteste Urlaubsinsel bilden. Ob Brandung an der Westküste oder stille Weite am Wattenmeer, ob einsame Dünen, grüne Deiche oder blühende Heide, ob Trubel und Abgeschiedenheit, Auszeit oder Party: Für jede Stimmung bieten der Norden und Westen Sylts ein passendes Angebot.

Heute Treffpunkt: Lists Alte Tonnenhalle

01 LIST

List (2460 Einw.) ist nicht nur der nördlichste Ort Sylts, sondern auch die nördlichste Gemeinde Deutschlands. Doch das noch nicht sehr lange: Erst 1866 kam das bis dahin königlich-dänische und bereits im 13. Jh. erwähnte Listland mit seinen Dünen zum preußischen Königreich. 1914 ließ sich das Militär in List, dessen Name aus dem Altdänischen stammt und wohl schlicht (Küsten-)Streifen bedeutet, nieder und richtete u. a. einen Zeppelinhafen ein, aus dem nach dem Ersten Weltkrieg ein Seefliegerhorst wurde. Ende 2007 schloss die Bundeswehr den Standort. Seitdem hat eine rege Bautätigkeit eingesetzt. Die Kurverwaltung soll einem Hotelkomplex weichen, der Hafen hat sich bereits von der Budenstadt „List Vegas" zu einem maritimen Schmuckstück gewandelt.

SEHENSWERT
Hauptanziehungspunkt des Ortskerns im Osten ist der neu gestaltete **Hafen** mit zahlreichen Shops in und um die historische Tonnenhalle, in der einst Seezeichen lagerten, dem Fähranleger und der „nördlichsten Fischbude Deutschlands", mit der Jürgen Gosch seine Karriere als „Fischkönig" begann. Die Vielfalt, Schönheit und Dynamik der Küsten und Meere bringt auf drei Themenpfaden das **Erlebniszentrum Naturgewalten Sylt** am Lister Hafen näher: Meeres- und Klimaforschung, der Nationalpark Wattenmeer sowie Umwelt- und Küstenschutz (Hafenstraße 37, Tel. 04651/83 61 90, www.muez.de; Juli und Aug. tgl. 10.00–22.00,

sonst tgl. 10.00–18.00 Uhr). Inmitten der Dünen ruht ein Ehrenbürger Lists, der in den 1930er-Jahren weltweit für Schlagzeilen gesorgt hat: Wolfgang von Gronau (1893–1977) überquerte 1930 vom Seefliegerhorst aus als einer der Ersten mit einem Wasserflugzeug den Atlantik in Ost-West-Richtung und umrundete 1932 auf einer 60 000 km messenden Route die Welt.

AKTIVITÄTEN
Baden ist am Ellenbogen wegen der starken Strömung lebensgefährlich! Alternativ lockt westl. des Ortes der 40 km lange Sylter Strand. Über geführte **Wanderungen** entlang von Strand, Heide und Düne informiert die Kurverwaltung.
Von List fahren tgl., in der Saison stdl., Autofähren der Rømø-Sylt-Linie (Rømø-Sylt-Linie GmbH & Co. KG, Norderhofenden 19, 24937 Flensburg, Tel. 1800/310 30 30, www.frs.info) in 35 Min. nach Havneby auf der dänischen Nachbarinsel **Rømø.** Kegelrobben und Seehunde lassen sich bei den **Seetierfang-Fahrten** entdecken (Adler-Schiffe GmbH & Co. KG, Boysenstraße 13, 25980 Westerland, Tel. 04651/9 87 00, www.adler-schiffe.de).

KINDER
Von April bis Oktober startet am Hafen der Kutter „Gret Palucca" zu einer **Piratenfahrt** (Adler-Schiffe GmbH & Co. KG, Boysenstraße 13, 25980 Westerland, Tel. 04651/9 87 00, www.adler-schiffe.de).

RESTAURANTS
Wo einst Boote und Seezeichen lagerten, wird heute frischer Fisch in vielen Variationen genossen: Eine Portion gegrillte Scampis in **TOPZIEL Gosch's Alter Bootshalle**

ist für die meisten Sylt-Urlauber Pflicht (am Hafen, Tel. 04651/87 03 83, www.gosch.de). Seit 1986 ebenfalls ein Klassiker: sechs „Sylter Royal"-Austern bei **Dittmeyer's Austern-Compagnie** schlürfen, Deutschlands einziger Austernzucht (Dittmeyer's Austern-Compagnie & Austernmeyer, Hafenstraße 10, Tel. 04651/87 08 60, www.sylter-royal.de).

VERANSTALTUNGEN
Am 21. Febr. wird wie überall auf Sylt das **Biikebrennen** veranstaltet; heute ein Volksfest, gehörte es einst zu der Verabschiedung der Walfänger-Mannschaften. Ein Volksfest ist auch das sommerliche **Lister Hafenfest** (Aug.). Bei der **Strandkorbversteigerung** (Okt.) kommen ausgediente Strandmöbel unter den Hammer.

UMGEBUNG
Einen Hauch von Sahara kann man im Listland erleben. Besonders imposant ist die **Große Wanderdüne,** ein rund 30 m hoher und 1 km langer Sandberg, den der Westwind immer weiter gen Osten treibt – wie schnell, ist u. a. im Naturgewalten-Erlebnismuseum zu erfahren. Um diese Wildnis so ursprünglich wie möglich zu erhalten, darf das Naturschutzgebiet nicht betreten werden. Ebenfalls für Besucher gesperrt ist der **Königshafen** mit der Vogelschutzinsel Uthörn. Im Mittelalter war die Bucht wichtiger Schutzhafen zwischen Elbmündung und Jütlands Nordspitze, Grund für das Interesse der dänischen Könige am Listland; im Dreißigjährigen Krieg lieferten sich 1644 hier die dänische und die holländisch-schwedische Flotte eine Seeschlacht. Auch die unberührte Natur der Dünen am **Lister Ellenbogen,** komplett in privater Hand alteingesessener Lister Familien, lässt sich zu Fuß oder per Fahrrad nur auf der 17 km langen, mautpflichtigen Zufahrtstraße entlang der Übergänge zum Strand oder vom Strand aus erkunden – die „Große Runde" (15 km) um Sylts Nordspitze dauert rund drei Stunden.

Sehhilfe auf Kampens Uwedüne

INFORMATION
Kurverwaltung, Am Brünk 1, 25992 List/Sylt
Tel. 0180/554 78 00 (14 Cent/Min.)
Fax 04651/87 13 98, www.list.de

02 KAMPEN

Neben der FKK-Kultur begründete das lebendige Nachtleben in den Lokalen den Mythos von Kampen, das bis heute als Treffpunkt der Reichen und Schönen, Stars und Sternchen gilt. „Man badet hier nackt, und das ist herrlich," schwärmte Max Frisch; inmitten einer imposanten Natur ließ der Schriftsteller die Hüllen fallen, und viele folgen seinem Vorbild bis heute. Im 16. Jh. erstmals genannt, wurde Kampen (620 Einw.) über Jahrhunderte von Landwirtschaft, Fischfang und Seefahrt geprägt, bis Mitte des 19. Jh. der Seebädertourismus begann, der in den 1950er-Jahren seine mondäne Seite erhielt.

SEHENSWERT Der kleine Ortskern erstreckt sich um den **Strönwai,** besser bekannt unter dem Namen „Whiskeymeile". Auf 300 m drängen sich Edeljuweliere, Boutiquen, Makler, Galerien und In-Treffs. Einen spektakulären Rundblick auf Sylt bietet die Aussichtsplattform der **Uwedüne,** mit rund 52 m höchster „Berg" der Insel; benannt wurde sie nach dem Sylter Landvogt und Kämpfer für ein von Dänemark unabhängiges Schleswig-Holstein Uwe Jens Lornsen (1793–1838).

AKTIVITÄTEN Idyllisch ist das **Klappholttal** nördl. Kampen – mitten durch das Dünental mit seinen Krüppelkiefern und Heideflächen führt der Fahrrad- und Wanderweg nach List. Er verläuft

Tipp

Farbenspiel am Roten Kliff

4 km lang und 35 m hoch, ragt das **⊙ TOPZIEL** Rote Kliff fast senkrecht an der Westküste auf und gibt den Blick auf die 120 000 Jahre alte Moräne der Saale-Eiszeit frei. Wenn die Sonne glutrot im Meer versinkt, funkelt das Rote Kliff in allen erdenklichen Farbschattierungen – ein Schauspiel, dass sich in den Liegestühlen einer Holzplattform am Strand herrlich beobachten lässt. Zum Sunset-Drink am Kliff empfehlen sich die „Sturmhaube" (Foto) und der „Kliffkieker".

Restaurant Sturmhaube, Riperstig 1,
25999 Kampen/Sylt, Tel. 04651/99 59 40,
www.sturmhaube.de
Restaurant Kliffkieker, Strandstraße 28,
25996 Wenningstedt, Tel. 04651/4 28 31,
www.kliffkiekersylt.de

auf dem ehem. Gleisbett der Inselbahn, die bis 1970 zwischen Hörnum und List verkehrte. Zur **Sauna** am Strand lädt „La Grande Plage" mit angeschlossene Strandbistro (Riperstig/Weststrand, Tel. 04651/88 60 78, www.grande-plage.de).

KINDER Während der Saison bietet der **Kamp'ino-Kinderclub** im Kaamp-Hüs ein wechselndes Wochenprogramm (Tel. 04651/4 69 80).

RESTAURANTS Ein alter Flakbunker, der sich an ein prähistorisches Hünengrab anlehnt, dazu die besten Kaffees aus aller Welt, hausgemachte Kuchen und ein Paradeblick aufs Wattenmeer: Diese Mischung macht die **Kupferkanne** seit 1950 zu einem der beliebtesten Cafés der Insel (Stapelhooger Wai, Tel. 04651/4 10 10, www.kupferkanne-sylt.de). Eine Institution ist auch das **Gogärtchen** von Thomas Fischer. Devise des Küchenchefs: Erbensuppe und Champagner (Strönwai 12, Tel. 04651/4 12 42, www.gogaertchen-sylt.de).

NACHTLEBEN Udo Lindenberg, Jenny Elvers, Dieter Bohlen und viele andere Prominente sind im Sommer Stammgäste im **Pony** (Strönwai 6, Tel. 04651/4 21 82, www.pony-kampen.de). Legendär ist auch der Nachtclub **Rotes Cliff** (Braderuper Weg 3, Tel. 04651/4 34 00) mit Cocktailbar und Diskothek. Berühmt für ihre Bowle ist **Greta's Rauchfang** (Strönwai 5, Tel. 04651/4 26 72, www.gretas-rauchfang.de).

VERANSTALTUNGEN Zum **Ostereierlauf** und **Osterfeuer** trifft man sich an Buhne 16 (Ostersonntag). Der **Kampener Literatur- und Musiksommer** bietet Lesungen und Konzerte im Kaamp-Hüs (Juni–Aug.).

UMGEBUNG Wie im 18. Jh. Enten gefangen wurden, zeigt die mittlerweile unter Denkmalschutz stehende und 1767 erbaute **Kampener Vogelkoje** zwischen Kampen und List (Pfingsten bis Sept. tgl. 10.00–16.00, Ostern–Pfingsten sowie Okt. tgl. 13.00–16.00 Uhr).

INFORMATION
Tourismus-Service, Kaamp-Hüs, Hauptstraße 12
25999 Kampen, Tel. 04651/4 69 80
Fax 04651/46 98 40, www.kampen.de

03 WENNINGSTEDT

Das Nordseeheilbad (1550 Einw.) sieht sich in erster Linie als Familienbad. Und an der Steilkante ist Fitness angesagt. Längst von Meer bedeckt ist der legendäre friesische Hafen Wonningstair, von dem aus um 450 n. Chr. die Angeln und Sachsen aufgebrochen sein sollen,

Ganzjahressauna direkt am Kampener Strand: „La Grande Plage"

Wenningstedts äußerlich schlichte Friesenkapelle

um das von den Römern aufgegebene Britannien zu erobern. Zum Strand hinunter führt eine solide Treppenkonstruktion mit 80 Stufen, die nach Sturmfluten immer wieder neu aufgebaut wird.

SEHENSWERT Wenningstedts größte Attraktion ist der **Strand,** schließlich lebt die Gemeinde überwiegend vom Tourismus – wie die anderen Sylt-Gemeinden auch. Zeugnisse der Vergangenheit haben sich am Dorfteich erhalten. Der rund 5000 Jahre alte **Denghoog** – der Name wird mit Thinghügel übersetzt – gilt als größtes Steingrab Nordwesteuropas; zwölf Tragsteine stützen die drei Felsplatten der Decke. Durch einen schmalen Gang geht es in die 5 m lange, 3 m breite und 1,80 m hohe Grabkammer (April–Okt. tgl. 10.00 bis 16.00 Uhr, sonst nach Vereinb., Tel. 04651/57 69). Die **Friesenkapelle** am Dorfteich wurde 1914 aus Backstein errichtet und im Innern im Jugendstil ausgeschmückt. Benachbart zeigt das **Commandeur-Teunis-Haus** die als schönste geltende Tür Nordfrieslands.

AKTIVITÄTEN Am Fuß des 1856 in Betrieb genommenen Leuchtturms (nicht zu besichtigen) liegt ein **18-Loch-Golfplatz** (www.golfclubsylt.de). Kurse im Kite- und Windsurfen veranstaltet die **Surfschule** Camp One (Abgang Risgap/Dünenstraße, Tel. 04651/4 33 75, www.surfschule-wenningstedt.de).

RESTAURANT Auch wer nicht – wie einst Thomas Mann – in der weißen Villa logiert, sollte einmal die Küche von Dirk Lässig im **Strandhörn** genießen – es lohnt sich (Dünenstraße 1, Tel.

04651/9 45 00, www.strandhoern.de). Nur zu Fuß zu erreichen ist die traumhaft gelegene Strandhütte **Wonnemeyer,** die bis zum Abschied der letzten Sonnenstrahlen mit Austern, Muscheltopf, Hummer oder Ofenkäse den Hunger stillt (FKK-Strand Nord, Tel. 04651/4 52 99, www.wonnemeyer.de).

KINDER Vormittags steht **Mitmachzirkus** auf dem Programm, nachmittags zeigen internationale Kinderartisten im Insel-Circus ihr Können (Bi Kiar/Kampener Weg; Juli und Aug).

VERANSTALTUNG Touristischer Anziehungspunkt ist das alljährliche **Dorfteichfest** (Ende Juli).

UMGEBUNG Seit 1927 bildet Wenningstedt mit **Braderup** ein „Doppelpack". Das ruhige Dörfchen zur Wattseite ist ideal für alle, die gerne Rad fahren oder wandern. Eine Alternative zum Strand bietet dabei das 140 ha große Naturschutzgebiet **Braderuper Heide** mit vielen Pflanzen, die auf der Roten Liste der bedrohten Pflanzen stehen. Führungen bietet die Naturschutzgemeinschaft Sylt an; ihr Naturzentrum birgt neben naturkundlichen Ausstellungen einen Gesteins- und Kräutergarten (M.-T.-Buchholz-Stich 10a, Tel. 04651/4 44 21, www.naturschutz-sylt.de; April bis Nov. Mo.–Sa. 10.00–18.00 Uhr).

INFORMATION
Tourismus-Information, Westerlandstraße 1
25996 Wenningstedt-Braderup, Tel. 04651/9 89 00
Fax 04651/4 57 72, www.wenningstedt.de

Nicht versäumen!

Scampis am Hafen
Seine Fischgerichte haben nun schon seit Jahrzehnten nahezu Kultstatus: Ob Scampis, Krabben oder Scholle – zumindest ein Besuch von Gosch's Alter Bootshalle in List gehört zum Sylt-Urlaub einfach dazu.

⊙ TOPZIEL   Siehe Nr. **01**

Bummeln auf dem Strönwai
Lust auf echten Luxus? Dann bummeln Sie über den Strönwai. Die an einschlägiger Tradition reiche Szenestraße von Kampen wird auch „Whiskeymeile" genannt – In-Kneipen und Cafés gibt es hier wahrlich genug.

Siehe Nr. **02**

Schwitzen in der Strandsauna
Schöner lässt es sich kaum schwitzen: Die Strandsauna Grande Plage steht mitten auf dem Sylter Sandstrand – mit Paradeblick auf Meer und Dünen. Und wo sonst kann man nach dem Saunagang im Meer abtauchen?

Siehe Nr. **02**

Ab in die Urzeit
Der Denghoog von Wenningstedt ist das größte Steingrab des Nordens und dokumentiert die lange Besiedlung der Nordseeinseln. Hinein in die Grabkammer der Urzeit geht es durch einen schmalen Gang – oder ein Loch in der Decke.

Siehe Nr. **03**

Sunset am Roten Kliff
Im Licht der abendlichen Sonne beginnt das Rote Kliff zu leuchten. Die bis zu 35 m hoch aufragende Abbruchkante der Westküste macht ihrem Namen dann jede Ehre – und funkelt in allen Rottönen.

⊙ TOPZIEL   Siehe **Tipp**

Trubel und Beschaulichkeit

Westerland ist die „Metropole" der Insel – und weckt bei vielen Besuchern widersprüchliche Gefühle. Für Begeisterung sorgen der breite Strand, die Einkaufsmöglichkeiten und das erstaunliche Nachtleben, für Ernüchterung dagegen so mancher architektonische Fehltritt. Derartiges blieb Sylts bodenständigem Osten erspart, und auch der Süden pflegt geruhsamere Ferienfreuden.

Anziehend für Groß und Klein: Sylt Aquarium in Westerland

Der Dammbau zementierte den Einbruch neuzeitlicher Festlandswelten in das Reich der friesischen Bauern.

01

02

03

„*Bei Ebbe kocht
die Milch nicht über.*"

Friesische Weisheit

„Ach Sylt, schön muss es einmal hier gewesen sein, auch im Sommer", sinnierte der Schriftsteller Walter Jens, der 15 Jahre lang in Kampen urlaubte, beim Anblick der Westerländer Skyline. Und viele möchten es ihm sicherlich gleich tun, wenn sie die Hochhausklötze und Apartmentblöcke aus den 1970er-Jahren erblicken. Nur hier und da erinnern geschmackvoll restaurierte Fassaden mit Steinskulpturen, goldenen Inschriften und Bauten wie die 1898 eingeweihte Kurverwaltung und das Jugendstil-„Hotel Miramar" von 1903 an den einstigen Glanz: Um 1900 galt Westerland als mondänstes Bad an der deutschen Nordseeküste.

Der rasante Aufstieg des ersten Sylter Seebades, das im Gründungsjahr 1855 immerhin 98 Kurgäste begrüßen konnte, lag vor allem an einer fortschrittlichen Regelung, die damals für Schlagzeilen in den Gazetten sorgte: In Westerland durften Damen und Herren gemeinsam in die Fluten steigen – statt, wie dato üblich, an getrennten Strandabschnitten. Berühmt wurde Westerland, von Spöttern gern als „Friesen-Monaco" betitelt, auch für sein Nachtleben. Ob gemütlich beim Guinness im „Irish Pub", Cocktail schlürfend in der „Wunderbar", bei den Mitsinghits im „Compass", den Gays im „Kleist Casino" oder bei den sommerlichen Open-Air-Partys am Strand:

01 *Seit 1927 verbindet der 11,7 Kilometer lange
Hindenburgdamm Sylt mit dem Festland*
02 *Radeln am Rantumbecken*
03 *Buhnenreste am Strand von Rantum*

03

04

SPECIAL   Persönlichkeiten

Lewwer duad üs Slaav

„Lieber tot als ein Sklave" ist das Motto der Nordfriesen. Ihr Kennspruch, heute im Landeswappen verewigt, geht auf den Fischer Pidder Lüng zurück, der um 1470 in Hörnum gelebt hat.

Obwohl arm und von einfacher Herkunft, war Pidder Lüng bereit, für seine Rechte einzustehen. Als eines Mittags Henning Pogwisch, Amtmann von Tondern, auftauchte, um die Zehntzahlung einzufordern, kam es zum Streit. Lüng verweigerte die Abgaben mit Hinweis auf alte Rechte, auf die der Amtmann im Wortsinn spuckte – auf Lüngs Mittagessen auf dem Tisch. Wutentbrannt packte Lüng Pogwischs Kopf und drückte dessen Gesicht in den Eintopf mit heißem Kohl. Ob Lüng nach dem Mord flüchten konnte oder am Strand von Pogwischs Mannen niedergemacht wurde, ist nicht überliefert, der Widerstand der Friesen gegen die Jahrhunderte während dänische Herrschaft dagegen historisch belegt. Er inspirierte den romantisch-naturalistischen Dichter Detlev von Liliencron zur Pidder-Lüng-Ballade – 1991 vom Deutschrocker Achim Reichel kraftvoll vertont.

Wer abends gerne ausgeht, kommt in Westerland auf seine Kosten. Tagsüber tobt das Leben auf der Strandpromenade und der Shoppingmeile Friedrichstraße, die als eine der wenigen Fußgängerzonen der Welt direkt am Meer endet.

Doch es gibt auch noch stille, eher verschwiegene Winkel in Westerland. Rund um die alte St.-Niels-Kirche finden sich noch die Reste jenes alten Dorfes, das die wenigen Überlebenden Eidums dort neu gegründet hatten – am 1. November 1436 hatte die Allerheiligenflut den einstigen Hauptort von Sylt komplett zerstört. Als neues Zentrum wurde „Weesterlön" in sicheren drei Kilometern Entfernung vom oftmals wütenden Meer errichtet – heute beträgt die Strecke zum Strand nur noch 1200 Meter …

Grün ist der Osten

Eher still und malerisch blieben auch die nahen Ostdörfer Archsum, Keitum, Morsum, Munkmarsch und Tinnum, die seit dem 1. Januar 2009 gemeinsam mit Rantum und Westerland die Gemeinde „Sylt" bilden. Denn ähnlich wie auf Fehmarn gibt es auch auf Sylt erfolgreiche Bestrebungen, das Kirchturmdenken einzelner Orte gegen eine gemeinsam handelnde Politik einzutauschen – und die gesamte Insel als eine Kommune zu ver-

walten. „Sylt als Einheit" ist das Motto der Bürgerinitiative, die bereits als Aprilscherz 2007 online entsprechende Ortsschilder präsentierte.

Man kam per Dampfer

Munkmarsch war einst der Haupthafen der Insel. Hier machten die vom Festland kommenden Raddampfer fest, die von der Hoyer Schleuse aus die Bahngäste aus Hamburg zur Insel brachten. Weiter nach Westerland ging es zunächst per Kutsche, ab 1888 dann auch mit der Inselbahn. 1901 folgte der Bau der 14,5 Kilometer langen Südbahn nach Hörnum, wo die an guten Geschäftsideen immer interessierte Hamburger Reederei HAPAG mit der Seebrücke erstmals einen tideunabhängigen Anleger errichtet hatte. 1903 wurde ein nördlicher Ast über Wenningstedt bis Kampen eröffnet, 1908 die Verlängerung bis nach List. Die alte Trasse der Inselbahn, 1970 stillgelegt, ist heute ein Rad- und Wanderweg. Vorbei an Pferdekoppeln, Weiden mit Rindern und Schafen, Grabhügeln aus der Bronze- und Wikingerzeit, einsamen Dünen und blühender Heide, verbindet er abseits vom ganzjährig erstaunlichen Autoverkehr die Inselorte. Und geht einem bei der steten Brise, die rätselhafter Weise immer von vorn kommt, einmal die Puste aus, transportieren die

01 *Westerlands Einkaufsmeile Friedrichstraße*
02 *An Westerlands Kurpromenade spielt die Musik*
03 *Wasserspaß im Erlebnisbad Sylter Welle*
04 *Faszinierende Unterwasserwelt im Aquarium*

01

02

03

Busse der Sylter Verkehrsgesellschaft Gast und Rad ans gewünschte Ziel. In Keitum übernehmen diese Aufgaben Pferdekutschen – denn der Ort ist nahezu autofrei.

Heimat von Kapitänen und Künstlern

Durch die geschützte Lage am Wattenmeer wurde Keitum nie Opfer von Sturmfluten, sondern konnte sein historisches Erbe recht gut bewahren. Verschlungene Wege, gesäumt von prächtigen Friesenhäusern, die einst Kapitäne und Walfänger hier errichteten, durchziehen den alten Ortskern. Töpfer und Weber, Goldschmiede und Glasbläser haben ihre kleinen Werkstätten geöffnet, wo sie mit viel Phantasie filigrane Kunstwerke fertigen. In den Gärten wett-eifern Heckenrosen, Stock- und Edelrosen mit ihrer Blütenpracht, dickes Moos und noch mehr Blumen schmücken die Steinmauern. Alleen aus Ahorn, Buchen, Linden, Kastanien und Platanen spenden Schatten. Doch anders als die Bauten ist der Baumbestand nicht alt, sondern 1998 frisch gepflanzt. Schuld daran ist der Ulmensplintkäfer, der 550 alte Keitumer Ulmen befallen und mit einem Pilz infiziert hatte. Als sie gefällt werden mussten, sorgte die Aktion „Schenkt Keitum einen Baum" binnen bereits weniger Jahre für Ersatz.

01 *Seit über 800 Jahren Seezeichen und geistliche Zuflucht zugleich: Keitums Kirche St. Severin*
02 *Friesische Architektur in Keitum …*
03 *… und Wohnkultur im Altfriesischen Haus*

01

02

03

04

Knicks vor dem König

Als bis in heutige Zeit bekannteste Rantumerin gilt Merret Lassen, die 21 Kinder gebar – acht von ihnen wurden Kapitäne – und als sehr attraktiv beschrieben wird.

Als der Dänenkönig Frederik VI., selber Vater von zwölf Kindern und als Herzog von Schleswig Südsylter Landesherr, im Sommer 1825 die Insel besuchte, wünschte er, diese „richtige Friesin" einmal zu Gesicht zu bekommen. Angesichts ihrer Kinderschar fühlte sie sich zu Hause unabkömmlich, und so fuhr der König selbst nach Rantum und nahm in Lassens guter Stube Platz. Nach einer Weile tauchte Merret auf, machte einen Knicks und sagte: „Majestät wollten mich sehen. So sehe ich von vorne aus" – sie drehte sich um – „und so von hinten." Und stolzierte wieder zur Tür hinaus. Zunächst waren alle wie versteinert und sprachlos, bis der König, für seine vergleichsweise liberale Gesinnung bekannt, in schallendes Gelächter ausbrach. Ihre letzte Ruhestätte fand die Rantumerin auf dem Friedhof von St. Niels in Westerland, und der Rantumer Merret-Lassen-Wai hält die Erinnerung an sie lebendig.

Zwischen zwei Meeren

Wie karg und rau präsentiert sich dagegen die Landschaft rings um Rantum an der schmalsten Stelle der Insel – nur 600 Meter trennen hier die Dünen des Weststrands von den Salzwiesen am Watt. Jahrhunderte lang musste der kleinste Ort der Insel gegen Sandflug und Sturmfluten kämpfen – heute sind die Dünen befestigt, schützt ein Deich die Salzwiesen der Raantem Inge vor Überflutungen. Willkommen ist jedoch das Nass, das im Untergrund sprudelt: Seit 1993 füllt die Syltquelle das Mineralwasser ab. In ihrer Abfüllhalle unterhält jeden Sommer das „Meerkabarett" mit Deutschlands besten Kabarettisten und Comedians.

Sandige Spitze

Sand, Wind, Wellen: Dieses Trio prägt auch den Süden bis nach Hörnum – als einziger Ort der Insel ist das Seebad an der Südspitze an drei Seiten von Stränden umgeben. Doch auch hier nagt die See an Sylt: Jeden Winter schrumpft an der Südspitze die Hörnumer Odde um mehrere Meter. Hinter dem „Südkap" direkt am Strand erhebt sich rot-weiß der Hörnumer Leuchtturm. Als er 1907 eingeweiht wurde, lebten in Hörnum neben dem Leuchtturmwärter und seiner Frau gerade mal sieben Einwohner, deren Berufsverständ-

nis von Fischerei in uralter (Seeräuber-) Tradition die eine oder andere Strandräuberei wohl noch mit einschloss. Doch mit der Einweihung des Anlegers begann unumkehrbar eine touristische Karriere. Der Raddampfer „Cobra" spülte HAPAG-Urlauber aus Hamburg und Helgoland in Hörnum an Land. Im Dritten Reich wurde Hörnum wie List zum Militärstandort ausgebaut. Intensiver sind bei vielen allerdings die Erinnerungen an das Jugenderholungsheim Puan Klent, in dem Generationen Hamburger Schüler legendäre Ferien verbrachten.

Seit Abzug der Bundeswehr erhält der Tourismus auch in Hörnum neue Impulse: Am Budersand, wo einst Soldaten zum Appell antraten, können künftig Golfer auf Deutschlands erstem Links-Course abschlagen. Das alte Kurmittelhaus musste Appartement-Ferienwelten weichen. Promenade und Hafen wurden bereits vor Jahren saniert. Dort empfängt Hörnums Maskottchen die Gäste: die Kegelrobbe Willy, die anders als ihre Artgenossen kein bisschen scheu ist.

01 *Eine von Sylts legendäre Ecken: „Sansibar" in den Rantumer Dünen*
02 *Westerlands Wellen ziehen Surfer geradezu magisch an – hier bei der Kite-Surf Trophy*

03 *Im Hörnumer Hafen: Willy hat sich an seine Prominenz gewöhnt*
04 *Sylt ist immer gut für exklusive Ideen: Beach Polo World Cup in Hörnum*

Zone I
absoluter Schutz

Sylts Sonnenseiten

Auch der Sylter Süden und Osten lieben die Kontraste. Nur wenige Kilometer trennen die lebendige Inselmetropole Westerland mit Boutiquen, Bars, Trubel am Strand und ausschweifendem Nachtleben vom romantischen Dorf Keitum, den Jet-Set an der „Sansibar" von der vielgestaltigen Vogelwelt des Rantumbeckens und der sandigen Urgewalt an der Hörnumer Odde.

01 WESTERLAND

Der Aufstiegs Westerlands (9200 Einw.) zur quirligen Inselmetropole begann 1855 mit der Eröffnung des Seebades. 1905 erhielt das damals mondänste Bad der Nordseeküste Stadtrecht. Seit den 1970er-Jahren dominieren Apartmentblöcke und moderne Kuranlagen statt Stadtvillen und Friesenhäuser die einzige Stadt Sylts.

SEHENSWERT Giftgrün begrüßen seit 2001 die vier **Reisenden Riesen** des Kieler Künstlers Martin Wolke die Besucher am Bahnhofsvorplatz. Vorbei am Wahrzeichen Wilhelmine führt die Flaniermeile **Friedrichstraße** zum Strand. Zentrum des alten Westerland ist die **St.-Niels-Kirche** (1635) mit gotischem Schnitzaltar (15. Jh.) und Kanzel von 1751. Auf dem **Friedhof** ruht neben dem legendären Walfänger-Kapitän Lorenz Petersen de Hahn, der bis 1747 auf 38 Fahrten 139 Wale erlegte, die Rantumerin Merret Lassen. Ertrunkene wurden dagegen in den Dünen vergraben, bis 1854 der Friedhof der Heimatlosen angelegt wurde (Ecke Käpt'n-Christiansen-Straße/Elisabethstraße).

MUSEUM 150 Fischarten aus Nordsee und Tropen tummeln sich im **Sylt-Aquarium** – durch die Unterwasserlandschaften „Korallenwelt" und „Helgoland" führen Tunnel (Gaard 33, Tel. 04651/836 25 22, www.syltaquarium.de; tgl. 10.00 bis 18.00 Uhr).

AKTIVITÄTEN Das **Erlebnisbad Sylter Welle** lockt mit Meerwasserwellen und vielerlei Angeboten auch den Nachwuchs (Strandstraße 33, Tel. 04651/99 80, www.westerland.de; tgl. 10.00 bis 22.00 Uhr). Viele der 220 km langen Strecken des **Nordic Walking Park Sylt** verlaufen rund um Westerland (www.sylt.de/leben/sport-freizeit/nordic-walking.html).

KINDER In der **Villa Kunterbunt** wird das ganze Jahr über gespielt, getobt, gebastelt und gemalt (Promenade, Tel. 04651/99 82 75, www.westerland.de).

NACHTLEBEN Im historischen **Rathaus** (1897) lädt die kleinste **Spielbank** Deutschlands zu American Roulette, Black Jack und Poker (Andreas-Nielsen-Straße 1, Tel. 04651/23 04 50,

www.casino-sh.de). An Strand- und Friedrichstraße reihen sich **Clubs** und **Diskotheken**, aber auch gemütliche Restaurants.

VERANSTALTUNGEN Die Höhepunkte **TOPZIEL Deutscher Windsurf Cup** (Juli) und **World Cup Sylt** (Ende Sept./Anf. Okt.) sowie **Weihnachtsbaden** (26.12.) zeigen sich meerverbunden.

INFORMATION
Tourismus-Service Westerland, Strandstraße 35
25980 Sylt (Westerland), Tel. 04651/99 80
Fax 04651/9 98 60 00, www.westerland.de

02 KEITUM

Schönstes Friesendorf der Insel ist das fast autofreie Keitum, in dem Kapitäne und Walfänger niedrige Reetdachhäuser aus Backstein errichteten. Hüfthohe Friesenwälle aus bemoosten Findlingen umrahmen blühende Gärten, Pferdekutschen klappern über Alleen: ein 800-jähriges romantisches Idyll mit etwa 1300 Einw., das seinen Preis hat.

Walkiefer vor dem Sylter Heimatmuseum

SEHENSWERT Auf einem Hügel nördl. des **TOPZIEL Ortskerns** erhebt sich seit dem 13. Jh. auf einem einstigen germanischen Kultplatz die **Kirche St. Severin** (Sandstein-Taufstein 13. Jh., Renaissance-Kanzel um 1580). Ihr 26 m hoher Glockenturm diente Seefahrern als Landmarke, außerdem 200 Jahre lang als Inselgefängnis. Der jungsteinzeitliche Grabhügel **Tipkenhoog** bietet phantastische Fernsicht. Daneben liegt der vom Flughafen hierher versetzte **Harhoog,** ein Steinkreis mit Grabkammer (um 2500 v. Chr.).

MUSEUM Der **Heimatverein Söl'ring Foriining** kümmert sich um Küsten- und Landschaftsschutz sowie um den Erhalt friesischen Kulturguts. Er betreut das Sylter Heimatmuseum und das Alttriesische Haus, den Wennigstedter Denghoog und die Kampener Vogelkoje (www.soelringforiining.de). Inselgeschichte bis 1850 und Sylts große Männer, Uwe-Jens Lornsen (1793–1838) und Maler und Fotograf Magnus Weidemann (1880 bis 1967), präsentiert das **Heimatmuseum** (Am Kliff 19, Tel. 04651/3 16 69; Ostern–Okt. Mo.–Fr. 10.00–17.00, Sa., So. und Fei. 11.00–17.00, sonst Mi. bis Sa. 12.00–16.00 Uhr). Im **Altfriesischen Haus** (1739), uspr. Heim des 1879 gestorbenen Insel-

Geologie zum Anfassen am Morsum-Kliff

chronisten Christian Peter Hansen, lassen sich in der Küche (Köökeen), Wohnstube (Kööv), dem für Feste vorgesehenen Pesel (Piisel) und im Keller (Kelerkaamer) Mobiliar und Hausrat von einst betrachten; die Museumsweberei hält das alte Handwerk lebendig (Am Kliff 13, Tel. 04651/3 11 01; wie Heimatmuseum). Im **Spritzenhaus** (1911) wird die örtliche Geschichte der Brandbekämpfung dokumentiert (C.-P.-Hansen-Allee; April–Okt. Di. 10.30–13.00 Uhr).

AKTIVITÄTEN Kutschfahrten durch Keitum und Umgebung bietet Peter Störtebeker (Tel. 0175/207 43 00) an, **Ausritte** durch Felder, Wiesen und am Strand die Reitschule Grünhof (Süderstraße 80, Tel. 04651/3 12 08, www.gruenhof-sylt.de). Einer der schönsten **Wanderwege** der Insel führt vom Keitumer Kliffweg nach Kampen.

EINKAUFEN Im **Hofladen** des Klöwenhoog gibt es Ziegen-, Schafs- und Kuhkäse aus der Region, hausgemachte Marmeladen und andere Köstlichkeiten (Hof Klöwenhoog, Siidik 6, Tel. 04651/3 26 60, www.hofkloewenhoog.de). Dem „Universum eines Getränks" widmet sich mit großer Auswahl das **Teekontor Keitum** (Siidik 15, Tel. 04651/889 11 94, www.teekontorkeitum.com).

VERANSTALTUNGEN Mi. erklingen **Orgelkonzerte** in St. Severin (20.15 Uhr). Seit 1920 findet im Juli das **Keitumer Ringreiten** statt (www.krv-sylt.de). Als überaus gut besucht gelten die elitären **German Polo Masters** (Juli/Aug.).

UMGEBUNG Mit Supermärkten, Autohäusern und Möbelgeschäften zeigt sich **Tinnum** für viele als „Industrievorort" Westerlands. Doch südl. der Schienen lockt das dörfliche Tinnum mit begrünten Gassen um die Alte Landvogtei (1649). Der 8 m hohe Wall der Tinnum-Burg wurde um Christi Geburt angelegt – und ist heute beim Biikebrennen beliebter Aussichtspunkt. Familien lieben den

Tierpark mit 400 Tieren, darunter Flamingos und Affen (Ringstraße 100, Tel. 04651/3 26 01; April bis Okt. tgl. 10.00–19.00 Uhr). Von 1860 bis zum Bau des Hindenburgdamms 1927 war **Munkmarsch** wichtigster Hafen der Insel – heute lädt das Fährhaus Munkmarsch (1869) in der Nachbarschaft des Jachthafens zu Gourmetmenüs (Heefwai 1, Tel. 04651/9 39 70, www.faehrhaus-sylt.de).

INFORMATION
Kurverwaltung, 25980 Sylt (Keitum)
Tel. 04651/33 70, Fax 04651/3 37 27
www.sylt-ost.de

03 MORSUM

Der nach dem Hindenburgdamm erste Ort (1100 Einw.) auf der Insel ist zugleich ihr ursprünglichster. Noch vor 100 Jahren sprachen die meisten Bewohner der bereits im 9. Jh. entstandenen Siedlung nur Friesisch, und bis heute erscheinen die Straßennamen weitgehend in dieser Sprache – beispielsweise Dikwai für Deichweg, Serkwai für Kirchweg oder Däälgung/Deelgung für Talacker.

SEHENSWERT Wahrzeichen Morsums ist das alte **Eisboot** am Ortseingang, mit dem bis 1923 die Post vom Festland transportiert wurde.

Ältestes Gotteshaus der Insel:St. Martin in Morsum

St. Martin (1190) mit meterdicken Mauern und freistehendem Glockenturm ist das älteste Sylter Gotteshaus. Interessant im Innern sind das 1000-jährige Weihbecken, ein gotländischer Taufstein (13. Jh.), die Kanzel (1698) und die Glasbilder der Apsis, 1933 von der Flensburger Malerin Käthe Lassen geschaffen.

UMGEBUNG Geologisch einmalig ist das **Morsum-Kliff** mit bis zu acht Mio. Jahre alten Erdschichten. Von Gletschern der Eiszeit vor

500 000 Jahren zusammengepresst, wurden sie von der See frei gespült: zuunterst blau-schwarzer Glimmerton, darüber rostfarbener Limonitsandstein, ganz oben weißer Kaolinsand. Mit Glück lassen sich Fossilien entdecken (Geologische Kliffführungen, Tel. 04651/4 44 21, www.naturschutz-sylt.de; Treff Parkplatz Nösse, April–Sept. Mo., Mi. und Fr. 11.00, Di. und Do. 14.00 Uhr, Dauer 2 Std.). **Archsum,** mit rund 300 Einw. kleinster und ruhigster Ort der Insel, lädt zu Spaziergängen auf dem 1937 erbauten Nösse-Deich. Im Ortszentrum wurden jüngst Reste einer Siedlung freigelegt, die vor 2000 Jahren in einem 8 m hohen und 70 m breiten Ringwall angelegt worden war.

INFORMATION
Kurverwaltung, 25980 Sylt (Keitum)
Tel. 04651/33 70, Fax 04651/3 37 27
www.sylt-ost.de

04 RANTUM

Nur 600 m trennen in Rantum Wattenmeer und Nordsee. Der Ort an der schmalsten Stelle der Insel war jahrhundertelang Opfer der Naturgewalten. Fruchtbare Äcker wurden von der See, durch Sandstürme und Wanderdünen zerstört, das Dorf (560 Einw.) seit 1100 drei Mal unter Sandmassen begraben und wieder aufgebaut. Heute gilt das einstige Armenhaus der Insel mit seinen Reetdachhäusern und angesagten Lokalen als „Klein-Kampen".

SEHENSWERT Aus 650 m Tiefe fördert die **Sylt-Quelle** (Hafenstraße 1, www.sylt-quelle.de) seit 1993 ihr jodhaltiges Mineralwasser und füllt es tgl. in 120 000 Flaschen ab. Das Abfüllwerk ist zugleich das größte Kulturzentrum der Insel: Als **kunst:raum** (www.kunstraum-syltquelle.de) unterhält es mit Lesungen, Performances, Konzerten und Kammeropern. Im Juli und Aug. gastiert hier das **Meerkabarett** (www.meerkabarett.de),

AKTIVITÄTEN Vögel zwitschern, Schafe blöken, und der Sylter Himmel spiegelt sich im Watt: Per Rad oder zu Fuß lässt sich auf dem 9 km langen Deich das ● **TOPZIEL** Rantumbecken umrunden. Das 1962 eingerichtete Vogelschutzgebiet entstand 1937 durch die Eindeichung von 568 ha der Steidumbucht als Wasserflughafen. Vogelkundliche Führungen bietet der betreuende Verein Jordsand an (Tel. 04651/58 12, www.jordsand.de; März–Okt. Di.–So. 10.00 Uhr ab Eidumer Vogelkoje). Eine beliebte **Wattwanderung** führt von Rantum nach Hörnum (Info: Kurverwaltung).

UMGEBUNG Die **Eidumer Vogelkoje** nordw. des Ratumbeckens diente zum Entenfang; Führungen bietet der Verein Jordsand an (Tel.

04651/58 12, www.jordsand.de; März–Okt. Di., Fr., Sa. und So. 10.00 Uhr). Abessinien, Samoa und Sansibar nennen sich die Strände westl. Rantum.

INFORMATION

Kurverwaltung, Strandstraße 7
25980 Sylt (Rantum), Tel. 04651/80 70
Fax 04651/8 07 66, www.rantum.de

05 HÖRNUM

Südlichster und zugleich jüngster Ort der Insel ist der Hafen Hörnum, an drei Seiten vom Meer umgeben, das die Insel hier ständig schrumpfen lässt. Jahrzehnte lang dominierte Kinder- und Familienurlaub die um 1425 gegründete 1000-Einw.-Gemeinde. Seit Abzug der Bundeswehr 1994 wird millionenschwer in den Ausbau des Luxustourismus investiert.

SEHENSWERT Attraktion ist die Kegelrobbe Willi, die sich seit Jahren regelmäßig im Hörnumer Hafen zeigt. Der gusseiserne **Leuchtturm,** 1907 auf einer Düne erbaut, barg von 1914 bis 1933 die kleinste Schule Deutschlands; heute können sich Heiratswillige von April bis Okt. in luftigen 48 m über Meereshöhe das Ja-Wort geben (Führungen Mo., Mi., Do. und Fr., sofern keine Trauungen, 9.30, 10.30, 11.30 Uhr). **St. Thomas,** Schleswig-

Tipp

Strandkorb für daheim

Wer sich auch auf der eigenen Terrasse, dem Balkon oder im Garten in einem echten Sylter Strandkorb aalen möchte, kann bei Willy Trautmann unter 64 Modellen und 200 Stoffbezügen wählen.

Sylt-Strandkörbe, Hafenstraße 10,
25980 Sylt (Rantum), Tel. 04651/2 28 43,
www.sylt-strandkoerbe.de

Tipp

Weinselig in Sansibar

Wer nicht hier war, war nicht auf Sylt – so heißt es. In Herbert Secklers „Hütte in den Dünen" 3 km südl. von Rantum trifft man sich, nippt an einem der 1400 Tropfen aus dem größten Weinkeller der Insel und stärkt sich bei Currywurst, Kaiserschmarrn oder Kaviar.

Hauptstraße nach Hörnum/Strand-
übergang Sansibar,
Tel. 04651/96 46 46, www.sansibar.de

Holsteins jüngste denkmalgeschützte Kirche (1970), zeigt ein Modell des Raddampfers „Cobra", der ab 1901 zwischen Hamburg und Hörnum verkehrte.

MUSEUM Eine kindgerechte Einführung in die Sylter Natur bietet die **Schutzstation Wattenmeer,** die auch Führungen und Vorträge anbietet. Ihr Gebäude wurde in den 1930er-Jahren als Funkerbude errichtet und diente später als Schule und Kirche (Rantumer Straße 27, Tel. 04651/88 10 93, www.schutzstation-wattenmeer.de/verein/hoernum.html; Ostern, Weihnachtsferien, Biike-Woche sowie April–Okt. tgl. 10.00–12.00 und 15.00–18.00 Uhr).

AKTIVITÄTEN Überaus empfehlenswert sind **Wanderungen** um die ► **TOPZIEL** **Hörnumer Odde,** die Südspitze Sylts, auf eigene Faust oder mit der Schutzstation Wattenmeer (Tel. 04651/88 10 93). **Katamaran-Schnuppersegelkurse** bietet der Sylter Catamaran Club (www.scc-sylt.de). Auf dem Gelände der Kaserne Budersand am Ortseingang ist Deutschlands erster 18-Loch Links-Kurs-**Golfplatz** entstanden (GC Budersand Sylt, Fernsicht 1, Tel. 04651/4492710, www.budersand.de), dem ein 5-Sterne-Wellnesshotel angegliedert wird. **Wattwanderungen** verbinden mit Amrum (Info: Tourismus-Service). **Schiffsausflüge** führen nach Helgoland, Amrum, Föhr, zu den Halligen und den Seehunds- und Kegelrobbenbänken (Adler-Schiffe GmbH & Co. KG, Boysenstraße 13, 25980 Westerland, Tel. 04651/9 87 00, www.adler-schiffe.de).

VERANSTALTUNGEN Im Frühjahr führt der **Inselmarathon Sylt-Lauf** von Hörnum nach List. Die **Hafentage** erinnern Ende Juni an alte Traditionen.

INFORMATION

Tourismus-Service, Rantumer Straße 20
25997 Hörnum/Sylt, Tel. 04651/9 62 60
Fax 04651/96 26 66, www.hoernum.de

Nicht versäumen!

AKTIV

Surfin' Sylt
Am Strand von Westerland trifft sich im Juli und im Herbst die Boardsportelite – eine Riesenparty mit den besten Windsurfern und Wellenreitern der Welt, denen die ganze Saison über spektakulär nachgeeifert wird.

► **TOPZIEL**   Siehe Nr. **01**

KULTUR

Regelrechtes Friesen-Idyll
Ursprünglich und romantisch: Keitum ist ein Ort wie aus dem Bilderbuch – mit idyllischen Reetdachhäusern, farbenprächtigen Blumengärten, schönen alten Alleen, interessanten Künstler-Ateliers und gemütlichen Lokalen.

► **TOPZIEL**   Siehe Nr. **02**

NATUR

Sagenhafte Steilküste
Der Sage nach haben im Morsum Kliff einst urzeitliche Unholde gehaust, deren Topfgeschirr das Gestein rostrot färbte. Geologen haben für die farbigen Tertiärschichten eine andere Erklärung – und verraten sie auf Führungen.

Siehe Nr. **03**

NATUR

Gefiedertes Paradies
Das Rantumbecken ist ein Highlight für Naturliebhaber und Vogelfans: 182 Arten, darunter auch der seltene Säbelschnäbler, rasten und brüten rund um das Wasserareal, seit 1968 als Europareservat geschützt.

► **TOPZIEL**   Siehe Nr. **04**

AKTIV

Von der Nordsee gestaltet
Der Spaziergang um die Südspitze der Insel ist ein Sylt-Klassiker: Besonders nach Sturmfluten kann man an der Hörnumer Odde erkennen, wie der „Blanke Hans" unerbittlich an der Insel nagt.

► **TOPZIEL**   Siehe Nr. **05**

Natur mit allen Sinnen erleben

Verständnis und Bewusstsein für das sensible Ökosystem Wattenmeer zu wecken, ist vorrangige Aufgabe. Bei Wattwanderungen, vogelkundlichen Führungen oder nächtlichen Strandspaziergängen erklärt Ulrike Kraus, Leiterin der Sylter und Föhrer Schutzstation Wattenmeer, Besuchern die einzigartige Natur.

Ulrike Kraus
wurde 1974 im rheinländischen Erftstadt geboren und kam als Studentin nach Sylt. Heute leitet die graduierte Geografin die Schutzstationen von Sylt und Föhr.

ULRIKE KRAUS (RECHTS) MT EINER PRAKTIKANTIN VOR DER STATION IN MORSUM

Die „Schutzstation Wattenmeer" wurde 1962 gegründet und war maßgeblich an der Realisierung des Nationalparks Schleswig-Holsteinisches Wattenmeer beteiligt. Die größte Station dieses gemeinnützigen Naturschutzvereins liegt in den Dünen von Hörnum auf Sylt – dort hat uns die Leiterin Ulrike Kraus Einblicke in ihre Arbeit gewährt.

Geschichte hinter sich … Ja, sie war eine Funkerbaracke im Zweiten Weltkrieg, wurde dann, als der Hörnumer Leuchtturm als Schule zu klein wurde, die Volksschule von Hörnum, im Anschluss daran eine Kirche, später ein Strandkorblager, bis 1974 der Hörnumer Lehrer Kuno Ehlfeldt dazu beitrug, dass die Schutzstation hier eingerichtet wurde.

„Man kann nur schützen, was man kennt und lieben gelernt hat"

Frau Kraus, Sie sind Rheinländerin – was verschlug Sie an die Nordsee? Es war die Liebe zur Natur. Ich habe ein Studium der Geografie mit Schwerpunkt Ökologie und Umwelt gewählt und kam während eines Praktikums erstmals nach Sylt. Als ich dann hier war, hatte es mich richtig gepackt, und ich machte noch gleich zwei weitere Praktika als Vogelwart in Keitum und Morsum. Nach meiner Diplomarbeit über ein Wattenmeerthema wurde ich hauptamtliche Mitarbeiterin der Schutzstation. Seit fast fünf Jahren leite ich nun die Sylter Stationen, seit Sommer 2007 auch noch die Station auf Föhr.

Das Gebäude der Schutzstation Wattenmeer in Hörnum hat eine ereignisreiche

Heute dient die Schutzstation nicht nur Ihnen als Büro und den Praktikanten, Zivis und FÖJlern [Freiwilliges Ökologisches Jahr], die Basis des Vereins, als Wohngemeinschaft, sondern empfängt auch Besucher mit offenen Armen. Was können sie hier erleben? Als Nationalpark-Infozentrum lädt die Schutzstation Hörnum ein, die Natur mit allen Sinnen zu erleben. Da uns viele Schullandheime umgeben, ist alles sehr kindgerecht präsentiert. Wir sind kein Museum, sondern bieten Natur zum Anfassen und Ausprobieren. Ob Jung oder Alt: Alle sind eingeladen, unsere Angebote mit viel Spaß zu erforschen. Dazu gehört auch unser großes Spektrum von jährlich rund 1000 Veranstaltungen. Unser Klassiker sind die Watt-

wanderungen, aber auch unsere Nachtwanderungen bieten ein einmaliges Naturerlebnis, bei dem man nachts das Meeresleuchten erleben kann – unzählige Algen glitzern dann grün-blau im Meer. Fester Bestandteil solcher Spaziergänge sind natürlich auch die alten Sylter Sagen. Am Unterfeuer in der Hörnum Odde erzählen wir dann auch vom Strandräuber Pidder Lüng, der einst in den Dünen sein Unwesen getrieben hat, nachdem er den Kopf des Amtmanns in den Kohlsuppentopf gesteckt hatte … Von April bis Oktober begleiten wir zudem täglich die Seehundfahrten der Adler-Schiffe, bei denen wir auch einen Seetierfang einholen und erklären. Hinzu kommen pflanzenkundliche Wanderungen durch die Dünen und Salzwiesen, vogelkundliche Exkursionen, Diavorträge oder die „Strandpiraten"-Angebote für den Nachwuchs, naturkundliche Spiele am Strand. Ein großer Hit ist auch das Bernsteinschleifen, wo jeder Gast seinen Rohling schleifen und mit nach Hause nehmen kann.

Neben der Öffentlichkeitsarbeit erfüllen die „Schutten", wie die Mitarbeiter der Schutzstation gerne genannt werden, auch wichtige Aufgaben im Naturschutz. Welche sind dies? Das Land hat uns 1974 Naturschutzgebiete zugewiesen, die wir seitdem betreuen. Außerdem betreuen wir Landschaftsschutzgebiete und Teile des Nationalparks. Dort machen wir regelmäßig Kontrollgänge und beobachten die Natur. Wir notieren, wann welche Pflanzen blühen, wann welche Tiere auftauchen

QUELLER IST EINE PIONIERPFLANZE IM WATT

Empfehlungen

von Ulrike Kraus

Wattwanderung Einen Spaziergang über den Meeresboden sollte jeder Urlauber gemacht haben. Eine Wattwanderung im Nationalpark ist zu jeder Jahreszeit ein intensives Naturerlebnis und für viele Kinder und Erwachsene eine erste hautnahe Begegnung mit Wattwurm, Strandkrabbe und Co.

Vogelkundliche Exkursion Besonders zu den Zugzeiten im Frühjahr und Herbst lässt sich die Vogelwelt nirgendwo so eindrucksvoll beobachten wie im Wattenmeer. Es ist ein beeindruckendes Naturschauspiel, wenn bei Hochwasser Tausende Watvögel nah am Ufer auffliegen oder beim Rasten beobachtet werden können. Auch die Brutzeit ist am Wattenmeer etwas ganz Besonderes. Hier brüten die Vögel am Boden (Fernglas nicht vergessen!). Auf Sylt und Föhr leben unsere Vogelwarte am Deich in unmittelbarer Nähe der Brut- und Rastgebiete in Bauwagen. Sie können Ihnen Interessantes, Beeindruckendes und Lustiges berichten. Klopfen Sie mal an!

Dünen- und Salzwiesenexkursion Die Natur macht es den Pflanzen in Düne und Salzwiese nicht sonderlich leicht. Sie müssen schon ganz besondere Strategien entwickeln, um unter den extremen Bedingungen überleben zu können. Erstaunlich ist, wie viele Salzwiesenpflanzen man essen kann – und man muss sie nicht einmal salzen …

Erlebnisnachtwanderung Die nächtliche Natur ist eine Herausforderung für alle Sinne. Wir lauschen unbekannten Geräuschen, haben viele Fragen: Was bedeuten die vielen Lichter, die man nachts auf dem Meer sehen kann? Was leuchtet im Meer? Welche Sternbilder können wir erkennen? Warum ist es auf den Inseln und Halligen im Sommer auch nachts nicht richtig dunkel? Spaß bereiten auch die Spiele, die die Sinne fordern: Kann ich Dinge am Geruch erkennen oder Gegenstände ertasten?

KRÄHENBEEREN GEHÖREN ZUR DÜNENWELT

oder wann die Balz beginnt. Besonders sensible Bereiche, zum Beispiel Brut- und Rastgebiete, werden von uns im Frühjahr mit Pfahlreihen abgesperrt. Doch gleichzeitig stellen wir uns immer mal mit einem Spektiv, einer Art Fernrohr, daneben – denn wir wollen keine Gäste fernhalten, sondern Verständnis wecken. Denn man kann nur schützen, was man kennt – und vielleicht wie wir lieben gelernt hat.

Als dritte Aufgabe kommen wissenschaftliche Monitoring-Programme hinzu – was verbirgt sich dahinter? Hier schauen wir, wie sich das sensible Ökosystem Wattenmeer verändert. Beim Spülsaum-Monitoring im Winter wird beispielsweise erfasst, was alles angeschwemmt wird – Muscheln und Müll, aber auch immer wieder Öl und tote Vögel. Zwei Mal pro Jahr kartieren wir auch das Watt. Hierbei erfassen wir an allen unseren Stationen entlang dem Wattenmeer auf Probestrecken von mehreren Kilometern Länge alle 50 Meter auf jeweils einem Quadratmeter

sämtliche Tiere und Pflanzen, die dort vorkommen. Außerdem beobachten wir die Vogelwelt. Bei der 14-tägigen Rastvogelzählung merken wir sofort, wie Veränderungen selbst in den entlegensten Regionen hier vor Ort Auswirkungen haben. Wenn im Frühjahr beispielsweise Tausende Ringelgänse weniger ankommen als in den Jahren zuvor, wissen wir, es muss im Winter in Sibirien etwas passiert sein.

Was macht in Ihren Augen das Wattenmeer so einzigartig? Es gibt nirgendwo auf der Welt noch so große zusammenhängende Wattflächen. Die meisten Meere fallen steiler ab und bieten gar nicht die Möglichkeit, dass sich solche Wattflächen entwickeln. Und die sind wiederum für die Vogelwelt ungeheuer bedeutend. Das Wattenmeer dient als Drehscheibe des Vogelzugs. Ohne das Wattenmeer mit seiner Weite, Ruhe und vielfältigem Nahrungsangebot könnten die Vögel den Flug von Afrika nach Sibirien und zurück gar nicht schaffen. Selbst der größte See im Landesinnern könnte diese Aufgabe nicht erfüllen – schließlich sind es ja zehn Millionen Vögel, die hier im Jahr rasten. Außerdem nutzen rund 400 000 Brutpaare jedes Jahr das Wattenmeer als Kinderstube für ihren Nachwuchs. Daran sieht man auch, welche internationale Bedeutung das Wattenmeer hat. Die Schutzstation Wattenmeer unterstützt daher auch die Initiative, das gesamte Gebiet als Weltnaturerbe unter den Schutz der UNESCO zu stellen.

Frau Kraus, wir danken für das Gespräch und wünschen Ihnen weiterhin viel Erfolg für Ihre Arbeit.

WAS LIEGT AN? DIENSTBESPRECHUNG IN DER HÖRNUMER SCHUTZSTATION

Foto: Stock

Nationalpark Schleswig-Holsteinisches Wattenmeer

Das Wattenmeer ist eine einzigartige Naturlandschaft voller Schönheit und Ursprünglichkeit. Es ist zu jeder Jahreszeit ein Erlebnis: im Sommer, wenn die Seehunde auf den Sandbänken liegen, im Frühjahr und Herbst, wenn die Zugvögel kommen und im Winter, wenn Stürme toben.

In Deutschland wird das Wattenmeer bestmöglich durch Nationalparke geschützt. Hier lautet das Motto „Natur Natur sein lassen". Der Nationalpark Schleswig-Holsteinisches Wattenmeer reicht von der deutsch-dänischen Grenze bis zur Elbe, ist 120 km lang und bis zu 25 km breit. Damit ist er der größte Nationalpark zwischen dem Nordkap und Sizilien. Westlich der Inseln Sylt und Amrum liegt ein Walschutzgebiet. Hier ziehen viele Schweinswale, die einzigen heimischen Wale, ihre Jungen auf.

Watt erleben, Natur bewahren

Foto: Stock

Foto: Stock

Foto: Funda

Nationalpark-Zentrum Wyk auf Föhr.

Foto: Weißbach

• Entdecken Sie den Nationalpark Wattenmeer mit den Nationalpark-Wattführern und den Naturschutzverbänden. Nehmen Sie teil an Wattwanderungen oder an vogelkundlichen Exkursionen, an Seetierfangfahrten oder Halligtörns.

• Erleben Sie im Frühjahr die Ringelganstage auf den nordfriesischen Halligen. Rund 50.000 Ringelgänse bieten dann ein einzigartiges Naturschauspiel.

• Besuchen Sie das Nationalpark-Zentrum in Wyk auf Föhr. Die Ausstellung zeigt die Jahreszeiten im Wattenmeer. (Tel. 04681 4290).

• Vor Ort auf Sylt und Föhr beantworten die Nationalpark-Ranger gern Ihre Fragen.

• Ein Tipp für unterwegs: Auf halber Strecke zwischen Hamburg und Sylt finden Sie in Tönning das Nationalpark-Zentrum Multimar Wattforum mit einem neuen 250.000 Liter Meeres-Aquarium und einem 18 Meter langen Pottwal, der vor Jahren im Wattenmeer gestrandet ist. (Tel. 04861 96 200)

Ihre Nationalparkverwaltung im Landesbetrieb für Küstenschutz, Nationalpark und Meeresschutz

Weitere Infos:
Nationalpark-Telefon: 04861 96 200
www.wattenmeer-nationalpark.de
www.nordsee-naturerlebnis.de
www.ringelganstage.de
www.multimar-wattforum.de

Nationalpark Wattenmeer

SCHLESWIG-HOLSTEIN

Die Sonnen-insel

Wie ein dicker Halbmond liegt sie im Watten-meer: Amrum, die waldreichste und wohl ursprünglichste Insel der deutschen Nordsee. Als „Geliebte des Blanken Hans" gibt ihr das Meer, was es anderswo nimmt: feinsten Sand für traumhafte Strände.

Der Kniepsand – hier bei Norddorf –
ist ein Familienstrand

Von sittenlosem Badeleben
ist längst nichts mehr zu spüren.

01

02

Zweiundzwanzig Kilometer – oder 90 Fährminuten – trennen das 30 Quadratkilometer große Eiland vom Festland. Unzählige Sandbänke machten und machen die Seefahrt zum heiklen Unterfangen. 1875 wurde daher bei Süddorf der mit 63 Meter Feuerhöhe höchste Leuchtturm an der deutschen Nordseeküste in Betrieb genommen – eher zum Leidwesen der Insulaner. Sie hatten von den Schiffsunglücken vor ihrer Küste recht einträglich gelebt. Beim „Strandlaufen" brachten sie angeschwemmte Fundstücke vor den staatlichen Strandvögten „in Sicherheit". Mit falschen Leuchtfeuern halfen sie bei vielen von mehr als 400 Strandungsfällen vor der Insel ein wenig nach und lenkten die Schiffe in den weiten, der Insel vorgelagerten Kniepsand. Um das Schicksal Schiffbrüchiger kümmerten sich die Insulaner erst nach 1865, als erste Seenotrettungsboote zum Einsatz kamen. Dennoch blieb das Meer ein gefährlicher Arbeitsplatz.

Sprechende Grabsteine

Jeder vierte Amrumer war als Seefahrer auf holländischen oder englischen Schiffen vor Grönland beim Walfang oder Robbenschlag dabei – viele kehrten nie zurück. Die Geschichte ihrer sagenhaften Beutezüge bis hinauf ins Polarmeer erzählen „sprechende Grabsteine". Allein 90 stehen auf dem Friedhof der St.-Clemens-Kirche in Nebel. Ein Turban schmückt den Stein von Hark Olufs. Als 16-jähriger Matrose war er von Piraten bei den Scilly Islands entführt und in Algier als Sklave verkauft worden – ein nicht ungewöhnliches Seemannsschicksal in jenen Zeiten. Bei seinem neuen Herrn, einem Bey im algerischen Constantine, machte er Karriere und stieg zum Schatzmeister und Kommandeur dessen Leibgarde auf. Als er 1735 als 27-jähriger reicher Mann in seine Heimat zurückkehrte, wollte ihn der dänische König anwerben – er jedoch lehnte ab. Stattdessen wurde Olufs Strandvogt, hatte mit Antje Harken fünf Kinder und starb 1754.

01 *Der Amrumer Strand von Norddorf …*
02 *… ist vor allem bei Familien beliebt, …*
03 *… die hier aktive Ferienfreuden genießen*
04 *An Amrums Westküste lässt sich bei Ebbe baden*

01

02

03

Trachten sind Frauensache

Polka, Walzer und selbst Square Dance: Mehr als 200 Tänze gehören zum Repertoire der Amrumer Trachtengruppe, die seit 35 Jahren bei vielen Veranstaltungen die Zuschauer begeistert. Gekleidet sind die 30 tanzfreudigen Inselfrauen und ihre Leiterin Marret Dethlefsen dabei in Tracht.

Die Wurzeln der Friesentracht liegen im fernen Portugal: Erst um 1800 wurde die heutige Tracht von den seefahrenden Männern mitgebracht und verdrängte die davor übliche Festtagskleidung. Auffällig ist der umfangreiche Brustschmuck aus Silberfiligran. In der Mitte ist die Gliederkette mit den Symbolen Kreuz, Herz und Anker verziert: Glaube, Liebe, Hoffnung. Die heute weiße Batistschürze mit Lochstickereien war im 19. Jahrhundert noch genauso schwarz wie das Mieder, das Dreiecktuch mit den Fransen und der in 60 Falten gelegte Rock, der beim Tanz weit schwingt. Ob eine Frau noch zu haben war, verriet ein Blick unter das mit einer Blumenbordüre bestickte Kopftuch – war dort' ein rotes Häubchen mit schwarzer Perlenstickerei zu sehen, war die Friesin bereits verheiratet. Bis heute wird die Amrumer Tracht zu feierlichen Anlässen getragen – doch nur von den Frauen. Eine Männertracht gibt es nicht. Als die Trachtengruppe einmal eine erfand, war sie den Männern nach jedem Winter wieder zu eng – so wird jedenfalls kolportiert. Und so tanzen auf den Inseln nur die Frauen.

Unerkannte Prominenz

So wie Olufs errichteten auch viele Kapitäne, im Goldenen Zeitalter des Walfangs zu Wohlstand gekommen, in Nebel stattliche Friesenhäuser. Weiß getüncht und reetgedeckt, machen sie das „neue Dorf" zum schönsten Insel-Ort. Stockrosen blühen in den Vorgärten, Sprossenfenster und bunt bemalte Haustüren strahlen Gemütlichkeit aus. Heute zählen diese alten Friesenhäuser zu den begehrtesten Domizilen der Insel. Ihre Nummerierung erhielten sie Ende des 18. Jahrhunderts. Mit Nr. 14 hat sich Peer Schmidt – bekannt als deutsche Stimme von Jean-Paul Belmondo – einen Traum erfüllt, wenig weiter verbringen die Sängerin Katja Ebstein und Quizmaster Jörg Pilawa ihre Ferien.

Mitten auf dem Strand erhebt sich die „Villa Kunterbunt" des Berliner Künstlers Otfried Schwarz, „Panscho" genannt. Als dessen Treibholz-Installation Opfer eines Orkans wurde, kaufte das Altonaer Museum aus Hamburg das Objekt – und zeigt es seitdem in seinem geschützten Innenhof. Doch während die Prominenz auf Sylt eine solche Auszeichnung zum Anlass ausschweifender Partys nähme, fehlt auf Amrum jeglicher Schickimicki. Wer hierher fährt, will nicht gesehen werden, sondern unerkannt entspannen. In aller Ruhe. Selbst zu Silvester geht es daher still zu: Amrum feiert den Jahreswechsel ohne Böller.

Pastoren als Bädergründer

Auf Amrum entwickelte sich der Tourismus später als an anderen deutschen Küsten – und unter anderen Vorzeichen: Als in den 1880er-Jahren die ersten Vorschläge für die Anlage von Seebädern auftauchten, wandte sich der damalige Inselpastor Wilhelm Tamsen an die Innere Mission und bat, den rundum augenfälligen Verfall der Sitten durch die Einrichtung eines christlichen Seehospizes für Erholungs-

01 *Im Öömrang Hüs erinnert ein Küstensegler an den einstigen Besitzer, einen Nebeler Kapitän*
02 *Die Holländer-Windmühle von Nebel blieb funktionsfähig*
03 *Eines der ältesten Häuser Amrums beherbergt heute das Nebeler „Friesen-Café"*

01

02

03

04

Wer könnte es besser?

Er ist ein echtes Amrumer Original. Schon als kleiner Junge durchstreifte Georg Quedens die Dünen, um Möweneier zu sammeln. Später fing er Wildkaninchen, angelte Schollen, betätigte sich als Strandräuber – und entdeckte seine Liebe zur Natur.

Quedens begann sie zu beobachten, fotografierte sie, veröffentlichte seine Bilder und Beobachtungen, Histörchen und historischen Fundstücke in mehr als 100 Natur-, Biologie- und Geschichtsbücher und diversen Bildbänden. Als „Mr. Nordsee" wurde er zum bekanntesten und beliebtesten Chronisten Nordfrieslands – und 2004 für seine ehrenamtlichen kulturellen Leistungen mit dem Hans-Mommsen-Preis ausgezeichnet. Ein Muss bei Amrum-Urlaubern sind die Diavorträge, die der über 70-Jährige drei Mal pro Woche über die Insel und ihre Umgebung hält. Vor ausverkauftem Saal erzählt der zierliche Mann, dessen Familie seit 1734 auf Amrum lebt, Inseldönekes und Strandräuberpistolen, er schnarrt und dröhnt, er flüstert, verharrt, kneift seine kleinen Augen zu und präsentiert anderthalb Stunden lang Dias zu „Nordsee ist Mordsee", „Amrums alte Zeiten" oder „Unsere Seevögel". Das Publikum ist hingerissen.

bedürftige auf Amrum aufzuhalten. Friedrich von Bodelschwingh reiste daraufhin 1888 auf die Insel und sah noch, wie in Norddorf die Nordseebrandung ungehindert an die Küste schlug – erst 50 Jahre später legte sich der Kniepsand auf seiner Nordwanderung auch vor den Norddorfer Strand. 1890 eröffnete Bodelschwingh das erste Seehospiz, 1905 das vierte und letzte. Doch auch Norddorf blieb vom sündhaften Treiben nicht verschont: Hüttmanns 1892 eröffnetes Hotel besaß Theke und Tanzsaal – welch eine Verlockung für Erholungssuchende, die bis heute dort Badegäste – und nicht Touristen – heißen. Anders verlief die Entwicklung in Wittdün. Der jüngste Inselort ist ab 1889 buchstäblich aus dem weißen Sand erwachsen. „Weiße Düne" hieß daher auch das erste Hotel, dass der Amrumer Kapitän Volkert Martin Quedens an der bis dahin noch unbebauten Südostspitze der Insel errichtete. Auf der Strandpromenade lustwandelten Damen in Rüschenkleidern und Hüten mit riesigen Rändern, während die Herren zum Gruß ihre „Prinz-Heinrich-Mützen" lüpften. Villen und Logierhäuser entstanden, eine Strandhalle thronte sturmflutsicher auf hohen Pfählen, und am Strand unterhielt eine Blaskapelle die Gäste. Zu den gezeitenunabhängigen Badeanlagen am Kniep

01 Das Norddorfer „Hotel Hüttmann" sorgt sich noch immer gut um das Wohl seiner Gäste
02 Fischer-Ambiente kultivieren die Ferienhäuser in Steenodde
03 Hauptstraßenverkehr in Nebel
04 Durchblick dank dem Naturzentrum Norddorf

*Das Watt ist ein staub- und pollenfreies
Idyll für Atemwege.*

01

02

03

ratterte eine Inselbahn. Doch der Aufschwung als Badeort währte nur kurz: Nach zwei verregneten Sommern musste die Aktiengesellschaft Wittdün-Amrum Konkurs anmelden. Die Wittdüner verarmten, denn es gab keine alternativen Erwerbsmöglichkeiten zum Badebetrieb – Landwirtschaft ist nur im Osten der Insel auf 120 Hektar möglich.

Eine Naturschönheit

Brennholzbeschaffungsmaßnahmen sorgten nach dem Zweiten Weltkrieg für eine umfangreiche Aufforstung. Amrum wurde mit 200 Hektar zur waldreichsten deutschen Nordseeinsel – und einem Eiland, das auf engem Raum unterschiedlichste Naturlandschaften zeigt: Salzwiesen und Watt im Osten, Pferdekoppeln und Feldmark im Norden, Europas breitesten Sandstrand und Wanderdünen im Westen. Als breites Band, das sich zwischen der Vogelkoje und Nebel bis zu 32 Meter hoch auftürmt, säumen sie den gesamten Strand. Entstanden sind sie jedoch erst im 12. Jahrhundert, als sich wohl wegen eines niedrigeren Meeresspiegels mehr und mehr Sand aus der Nordsee auf der Insel anzuhäufen begann. Der Seesand wanderte über die halbe Insel hinweg und begrub alles, was im Weg lag – Grabkammern aus mächtigen Findlingen, Hügelgräber der Bronzezeit und Wohnplätze der Wikinger. Erst die gezielte Bepflanzung mit Strandhafer und anderen Pionierpflanzen konnte den Sandflug eindämmen.

Urlandschaft der Insel ist jedoch die Heide, die im August in leuchtendem Rosa und Lila die Braundünen bedeckt.

01 *Auf dem Weg nach Föhr: Wattwanderung*
02 *Er ist der Größte: Amrums Leuchtturm*
03 *Immer auf dem Holzweg: bei Norddorf unterwegs durch Amrums Dünen*

Ferien, so weit das Auge reicht

Amrum ist eine Insel der Weite und Freiheit. Im Westen brandet die Nordsee an den Kniepsand. Hinter ihm türmen sich großartige Dünenlandschaften auf, die in der Inselmitte auf Wald- und Heideflächen stoßen, in Wiesen und Weiden übergehen, um im Osten schließlich an das Wattenmeer zu grenzen, das im Wechsel der Gezeiten ein immer neues Gesicht zeigt. Ursprünglich wie die Natur ringsum sind auch Amrums Dörfer, reetgedeckte Kleinode, scheinbar der Zeit entrückt.

01 NORDDORF

Von den Dünen bedeckt, von Feuersbrünsten mehrfach zerstört: Die nördlichste und – mit Süddorf – älteste Ansiedlung Amrums hatte bereits eine bewegte Geschichte hinter sich, als Friedrich von Bodelschwingh in Norddorf den Grundstein zum heutigen Urlaubsbad (620 Einw.) legte. Als Reaktion auf das „unsittliche" Treiben im Süden der Insel hatte der Pastor, Theologe und Gründer der Bodelschwinghschen Anstalten Bethel 1890 dort sein erstes Seehospiz gegründet – als christliche Stätte zur Stärkung von Körper und Geist. Heute gehört das Strandbad an der schmalsten Stelle des Kniepsands zu den zehn größten Bade- und Kurorten Schleswig-Holsteins.

MUSEUM Die Vielfalt Amrums mit Kniepsand, Dünen und Wattenmeer präsentiert das **Naturzentrum Norddorf** des **Öömrang Ferian** in einer interaktiven Erlebnisausstellung mit Aquarien, Gezeitenbecken und vielen Exponaten zum Experimentieren. Von Besuchern geschätztes Schauspiel ist die tägliche Hummerfütterung; dabei sind die mächtigen Scheren der Schalentiere eindrucksvoll in Aktion. Beliebt sind auch die Familienwattführungen und Spülsaumführungen (Strunwai 31, Tel. 04682/16 35 82, www.naturzentrum-norddorf.de; April–Okt. Fr.–Mi. 10.00 bis 17.00, sonst Mi., Fr., Sa. und So. 12.00–16.00 Uhr).

AKTIVITÄTEN Erscheint das Meer zu kalt, geht es ins **Dünenbad** (Strunwai 31, Tel. 04682/735). Hollywoodstreifen zeigt das **Lichtblick-Kino** (Triihuk 1, Tel. 04682/9 62 00, www.lbamrum.cineprog.de). Tideabhängig sind die **Wattwanderungen** nach Föhr ab Schullandheim Ban Horn – entsprechende Touren mit Wattführer stehen im Veranstaltungskalender „Amrum Aktuell" (online www.amrum-downloads.de/amrumaktuell.pdf). Die 8 km lange Strecke dauert rund 3 Std.; unterwegs werden teils brusttiefe Priele durchquert.

KINDER Zum Toben lädt das **Abenteuerland,** eine 1300 m² große Halle am Dorfrand mit Kletterberg, Rutschen, Trampolin, Autoscooter, Tischfußball und separatem Kleinkinderbereich (Hoofstich 3, Tel. 04682/96 86 64. www.abenteuerland-amrum.de).

HOTEL/RESTAURANTS Historisch und gemütlich ist das **Ual Öömrang Wiartshüs.** Idyllisch wie das Friesenhaus und die Zimmer ist auch die Gaststube, wo unter weißem Gebälk Krabbensuppe & Co. munden (Bräätlun 4, Tel. 04682/836). Direkt in den Dünen am Strand liegt das junge **Restaurant Strand 33** (Strunwai 33, Tel. 04682/96 15 55, www.strand33.de), das Fr. ab 21.00 Uhr mit Cocktails und Musik zum Entspannen bittet.

VERANSTALTUNGEN Norddorf ist traditionell Ort des Eröffnungsfestes der **Amrumer Lammtage** (Hüttmannwiese, Juni-Sa.). Im Juli feiert der DLRG sein **Strandfest.**

EINKAUFEN Der Trachtenschmuck ihrer friesischen Urgroßmutter und das Amrumer Strandgut inspirieren die **Goldschmiedin** Cornelia Rickmers zu ihren Kollektionen (Lunstruat 1, www.rickmers-schmuck.de).

UMGEBUNG Die 2 km lange und bis zu 200 m lange **Amrumer Odde** (150 ha Naturschutzgebiet) ist ein bis zu 24 m hoher Dünengürtel, der durch die Wanderung des Kniepsands entstanden ist. Die zahlreichen Seevögel, die hier nisten, lassen sich auf vogelkundlichen Führungen des

Schlafstatt von einst: Alkoven im Öömrang Hüs

Vereins Jordsand beobachten, der auch dieses Schutzgebiet betreut (Tel. 04682/23 32, www.jordsand.de; Di.–So. 10.00 Uhr, Treff Aufgang zur Vogelwärterhütte an der Wattseite).

INFORMATION
AmrumTouristik, 25946 Wittdün auf Amrum
Tel. 04682/9 40 30, Fax 04682/94 03 20
www.amrum.de
Büro Norddorf mit W.D.R.-Schalter
Ual Saarepswai 7, Tel. 04682/9 47 00

02 NEBEL

Mit seinen reetgedeckten Friesenhäusern, den Feldsteinwällen und blühenden Stockrosen hat das größte Dorf (930 Einw.) der gut 20 km² großen Insel trotz allen Trubels urfriesische Gemütlichkeit bewahrt. Sein Name leitet sich nicht von der gleichnamigen

Funktionstüchtige alte Technik in der Nebeler Windmühle

Wetterlage ab, sondern von „Nei" (neu) und „bol" (Siedlung) – denn Nebel wurde erst Anfang des 16. Jh. gegründet.

SEHENSWERT Ältestes Gotteshaus der Insel ist die urspr. romanische, 1236 geweihte **St.-Clemens-Kirche,** die erst 1908 ihren 36 m hohen Glockenturm erhielt und – für beide zuständig – in der Mitte zwischen den Siedlungen Nord- und Süddorf errichtet wurde. Zu ihren Kunstschätzen gehören ein Taufstein aus dem 13. Jh. und die frühgotische Apostelgruppe „Das himmlische Abendmahl", angeblich einst bei einer Sturmflut angeschwemmt. Auf dem ◗ TOPZIEL **Friedhof** berichten 90 „redende Grabsteine" von den Lebensgeschichten berühmter Insulanern wie Hark Olufs (1708–1754). Die unzähligen namenlosen Wasserleichen dagegen wurden ohne viel Aufhebens auf dem Friedhof der Heimatlosen gegenüber der Erdholländer-Windmühle beerdigt.

MUSEUM In der **Nebeler Windmühle,** bis heute noch funktionstüchtig und vor Errichtung des Leuchtturms zugleich Seezeichen, wurden von 1771 bis 1963 Graupen geschält und Korn gemahlen. Ihr angegliederter Schuppen beherbergt heute das **Amrumer Museum,** das die Ge-

„Janniemaus" in seiner Wittdüner „Blauen Maus"

schichte der Mühle, die Pflanzen- und Tierwelt von Insel und Meer, vor- und frühgeschichtliche Funde sowie volkskundliche Gegenstände ausstellt (Ualjaat 4, Tel. 04682/872, www.amrumermuseum.de; April–Okt. tgl. 11.00–17.00 Uhr, Sa. und So. Vorführung der Mühlentechnik). Wohnkultur vergangener Tage zeigt das **Öömrang Hüs,** ein Friesenhaus von 1736, heute im Besitz des Heimat- und Kulturvereins Öömrang Ferian (Abb. S. 64). Das Schmackschiff des einstigen Besitzers, eines Küstensegler-Kapitäns, ist unter vollen Segeln auf der Fliesenwand im Pesel zu sehen. Die gute Stube diente zugleich als Schlafkammer – das verraten zwei Alkoven mit Sitzbetten (Waaswai 1, Tel. 04682/10 11, www.oeoemrang-hues. oeoemrang-ferian.de; Mai–Okt. Mo.–Fr. 10.30 bis 12.30, Sa. 15.00–17.00 Uhr, sonst nur Sa.).

AKTIVITÄTEN Entlang der gesamten Westküste der Insel bedeckt der ◗ TOPZIEL **Kniepsand** rund 10 km² und bietet beste Voraussetzungen für einen Bade- und Strandurlaub; ob man in Nebel, Norddorf oder in Wittdün wohnt, fast immer sind die Wege kurz.
Für diejenigen, deren Glück auf Pferderücken liegt, werden **Ausritte** auf dem Kniepsand mit Islandpferden veranstaltet (Islandpferdehof Stianood, Stianoodswai, Steenodde, Tel. 0177/481 18 07, www.islandpferdehof-amrum.de). **Windsurfer** sind in der Surfschule Nebel gut aufgehoben (Tel. 04682/14 54, www.windsurfing-amrum.de).

RESTAURANT In seiner **Seekiste** tischt Wellem Peters unter Gallionsfiguren friesische Spezialitäten auf – beispielsweise Heringe auf Bratkartoffeln und „Hommelkasche", eine Komposition aus verschiedenen Seefischen (Smääljaat 2, Tel. 04682/640).

VERANSTALTUNGEN **Konzerte** des Amrumer Folk-Duos „Querbeet" und des „Amrumer Shanty-Chors" werden im Haus des Gastes veranstaltet (April–Okt.), musikalische Abend-

feiern in St. Clemens (Pfingsten–Erntedank Do. 20.30 Uhr). **„KiK"** – Kunst im Kurpark – mit Kunsthandwerk und Live-Musik (Anf. Aug.).

UMGEBUNG Kleinstes Dorf der Insel ist **Steenodde,** heute ein Ortsteil von Nebel am Wattenmeer und umgeben von zahlreichen Hünen- und Hügelgräbern. An seiner Mole, von der einst Fähren zu den Halligen und hinüber

Tipp

„Rund um Amrum"

Entlang eindrucksvoller Dünen (Foto: Quermarkenfeuer bei Norddorf), durch würzige Kiefernwälder, weite Marschen und blühende Heideflächen führt der beliebte Insellauf, der alljährlich Mitte Sept. stattfindet. Eine besondere Herausforderung sind die 15 km über den Kniepsand. Familienfreundlich ist die verkürzte Strecke: Ihre 14,5 km können auch mit einer Dreierstaffel bewältigt werden.

Info und Anmeldung Tel. 04682/94 03 15 und www.amrum.de

Tipp

Mobil vor Ort

Amrum ist zwar nicht autofrei, aber von der gesamten Infrastruktur darauf ausgerichtet, dass Urlauber ihren Wagen nicht mit auf die Insel nehmen. Der Fahrplan des Inselbusses ist auf den Fährverkehr abgestimmt, und viele Vermieter holen ihre Gäste kostenlos an der Fähre ab. Extrem teuer sind Taxifahrten – denn anders als auf dem Festland dürfen Amrumer Taxen bereits die Anfahrt mit berechnen.

W.D.R., Inselstraße 14, 25946 Wittdün, Tel. 04682/94920, www.wdr-wyk.de

nach Schüttsiel ablegten, wird alljährlich im Juni das Molenfest gefeiert. Im Seezeichenhafen mit seinen grünen und roten Bojen, Baken und Booten liegt einsatzbereit auch der Seenotrettungskreuzer „Vormann Leiss". In der Saison gibt es hier frische Krabben vom Kutter.

Südl. des ländlich geprägten Süddorf, heute ebenfalls Nebeler Ortsteil, erhebt sich das Inselwahrzeichen: der 41,8 m hohe **Amrumer Leuchtturm.** Das höchste wie älteste Seezeichen der deutschen Nordseeküste wirft seit 1875 sein Licht aus 63 m Höhe 23 Seemeilen (42,6 km) weit über das Meer. Hinauf zur Aussichtsplattform mit beeindruckendem Panorama führen 297 Stufen, 172 davon auf der Wendeltreppe im Turm (www. wsa-toenning.wsv.de; Saison Mi. 9.00–14.00 Uhr). Mitte Juli feiern die Insulaner ihr Wahrzeichen anlässlich der Leuchtturm-Tage.

INFORMATION

AmrumTouristik, 25946 Wittdün auf Amrum
Tel. 04682/9 40 30, Fax 04682/94 03 20
www.amrum.de
Büro Nebel mit W.D.R.-Schalter, Hööwjaat 1a
Tel. 04682/9 43 00

03 WITTDÜN

Das heutige Fährdorf der Insel (680 Einw.) ist seit 1889 Seebad und an drei Seiten von Wasser umgeben. Gegründet wurde der Badetourismus von Kapitän Volkert Quedens, der an der Südsitze der Insel 1890 ein Hotel und eine Landungsbrücke erbaute. Die Insulaner sahen das Treiben anfangs skeptisch, hatte das Baden im Meer in ihren Augen doch etwas „Unsittliches".

SEHENSWERT Im Kursaal zeigt die **Schutzstation Wattenmeer** eine sehenswerte Ausstellung zum Nationalpark (Mittelstraße 34, Tel. 04682/27 18, www.schutzstation-wattenmeer.de/verein/amrum.html; Mi.–Mo. 10.00–12.00 und 15.00–17.00 Uhr). Um die Südspitze führt die **Wandelbahn;** die Wittdüner Strandpromenade wurde 1914–1921 als Uferschutzmauer gegen Sturmfluten gebaut und 2004/2005 erneuert.

AKTIVITÄTEN Angeboten werden naturkundliche Watterkundungen in der Kniepbucht, Strandwanderungen auf dem Kniepsand, Vogelbeobachtung am Norddörfer Teerdeich, Exkursionen zur Nebeler Salzwiese und Diavorträge der Schutzstation Wattenmeer. Um den Dünensee Wriakhörn führt ein **Naturlehrpfad.** Zum **Radeln** laden 144 km markierte Wege. An ungemütlichen Tagen lockt das **AmrumBadeland** mit Wellenbad, Wasserfall, Whirlliegen, Sitzsprudler, Sauna und Kinderbecken sowie angeschlossenem ThalassoZentrum (Am Schwimmbad 1, Tel. 04682/

Tipp

Durchs Watt nach Föhr

Einmal über den Meeresboden laufen, die Füße in den weichen Sand bohren und die Bewohner des Wattenmeeres entdecken: Eine Wattwanderung ist ein unvergessliches Erlebnis. Zu den bekanntesten Strecken der Nordfriesischen Inseln gehört der Fußmarsch von Amrum nach Föhr. Da neben mehreren seichten Prielen auch das tiefe „Mittelloch" durchquert werden müssen, sollte die Dreistundentour (8 km) jedoch nur in Begleitung eines erfahrenen Wattführers wie beispielsweise Reinhard Boyens gemacht werden. Er bietet die Tour über den Meeresboden in Verbindung mit der Besichtigung von Nieblum und einer Fährfahrt zurück nach Amrum an.

Reinhard Boyens, 25946 Norddorf/
Amrum, Tel. 04682/16 69,
www.wattwandern-amrum.de.
Schutzstation Wattenmeer, Kurverwaltung,
Mittelstraße 34, 25946 Wittdün/Amrum,
Tel. 04682/27 18

94 34 31, www.amrum.de; tgl. 10.00–18.00 Uhr). **Schiffsausflüge** nach Föhr und zu den Halligen Langeneß und Hooge veranstaltet die W.D.R., nach Sylt in Kooperation mit den Adler-Schiffen (Wyker Dampfschiffs-Reederei Föhr-Amrum GmbH, 25938 Wyk auf Föhr, Am Fähranleger 1, Tel. 04681/800, www.wdr.inselseiten.de).

NACHTLEBEN In-Treff der Insel ist abends die **Blaue Maus,** in der Wirt „Janniemaus" bis spätnachts den Discjockey spielt (Inselstraße 107, Tel. 04682/20 40).

INFORMATION

AmrumTouristik, 25946 Wittdün auf Amrum
Tel. 04682/9 40 30, Fax 04682/94 03 20
www.amrum.de

Die grüne Schöne

Im Windschatten der beiden Düneninseln Sylt und Amrum liegt Föhr, grün und kompakt. Im Osten, Norden und Westen schützt ein 22 Kilometer langer Deich die Marsch vor dem nicht immer freundlichen Meer. Vor dem Geestrücken im Süden erstreckt sich ein kilometerlanges Band feingelber Sandstrände.

Gut 250 Jahre lang hatte die Oldsumer Mühle ihren Dienst verrichtet, als sie 1954 stillgelegt wurde

*„Ich habe jeden Tag gebadet …
das unvergesslichste Wasser, in
dem ich je gewesen bin.“*

Hans Christian Andersen, 1844 in Wyk

An der Nahtstelle zwischen Marsch und Geest liegen seit dem Mittelalter elf Inseldörfer, die ihr Ortsbild sorgsam bewahrt haben: Nirgendwo an der Nordsee findet man noch so geschlossene Reetdachensembles und Gutshöfe wie auf Föhr. Welch einen Kontrast zu den ländlich-beschaulichen Dörfern bietet hingegen Wyk. Die einzige Stadt der Insel gehört zu den ältesten deutschen Seebädern. Bereits 1819 stiegen hier Männer und Frauen – streng nach Geschlecht getrennt natürlich – von hölzernen Badekarren zum Bad in die Fluten. Doch richtig in Schwung kam der Badebetrieb erst mit dem Besuch eines Blaublüters: Der damalige dänische König Christian VIII. verbrachte mit seiner Gemahlin Caroline Amalie zwischen 1842 und 1847 regelmäßig fünf Wochen auf der Insel und sorgte für die nötige Werbung. Als er 1848 überraschend starb, war das Seebad für die feine Gesellschaft allerdings nicht mehr attraktiv genug.

50 Jahre später sorgte ein engagierter Arzt für neuen Schwung im Badetourismus: Dr. Carl Haeberlin. Als Sohn eines evangelischen Missionars in Indien geboren, eröffnete er 1902 auf Föhr eine Landarztpraxis und baute mit Karl Gmelin eine bioklimatische Forschungsanstalt in Wyk auf. Immer wieder pries er die gesundheitlichen Vorzüge der Nordseeinsel – denn nirgend-

wo in Deutschland ist die Luft so sauber und rein wie auf Föhr.

1878 flüchtete Johann Strauss – der Sohn – nach Föhr. Nur wenige Wochen nach dem Tod seiner Frau Henriette hatte sich der Walzerkönig bereits wieder verliebt – in die Schauspielerin Angelika Dittrich. Den beiden gefiel es auf der Nordseeinsel so gut, dass sie 1879 wiederkehrten, in Wyk am Sandwall logierten – und Strauss ganz inspiriert den Walzer „Nordseebilder“ komponierte.

In erster Linie für Familien

Heute gilt die Insel als Spezialist für Familienferien. Besonders während der „Föhrer Piratenwochen“ ist die Insel fest in der Hand der kleinen Freibeuter. Und während sich der Nachwuchs bei 260 Kinderveranstaltungen wie Fußball-Camp, Strandolympiade, Mitmach-Zirkus, Märchenmusical, Strandgut-Werkstatt und Filzen vergnügt, können sich die Eltern vom Alltag erholen – oder im Freizeitbad Aquawyk-Föhr exotische Massagen wie „Pantai Luar“ genießen, bei der ein Stempel aus Limetten, Kokosraspeln und Gewürzen den Stoffwechsel der Haut anregt.

Föhrer Wellness-Trio

Besonders in der Vor- und Nachsaison setzt Föhr auf Gesundheitstourismus. Immerhin

01 *Zu den beeindruckenden Erlebnissen für Zwei- und Vierbeiner …*
02 *… gehört eine Wanderung durchs Watt*
03 *Von Freiheit und Neugier …*
04 *… bleibt nicht allzu viel, wenn – wie hier in Midlum – das Schafscheren ansteht*

Ein Hauch
von Herrenzeiten

Das Ringreiten hat eine lange Tradition auf den Nordfriesischen Inseln. Schon im 14. Jahrhundert erhielten Pferdeknechte üblicherweise einen freien Tag pro Jahr und ein Pferd ihrer Herrschaft, um sich am Ringreiten zu beteiligen – neben dem Spaß immer auch ein Gutteil Wehrertüchtigung.

Das Turnier erfordert ein hohes Maß an Geschicklichkeit und Übung, gilt es doch, drei Mal hintereinander auf dem Rücken eines galoppierenden Pferdes mit einer 1,40 Meter langen Lanze einen Metallring aufzuspießen. Dabei hängt der Ring zwischen zwei vier Meter hohen Pfosten an einer Schnur – und wird bei jedem Durchgang kleiner. Nach dem Turnier und der Krönung von Ringsreiterkönig und -königin folgt erst der traditionelle Umzug, dann ein großes Fest für den gesamten Ort. Als Hochburg der Ringreiter gilt Föhr mit vier Vereinen, aber auch auf Amrum, Sylt und dem nordfriesischen Festland können Gäste bei diesem Spektakel der Einheimischen zuschauen – oder selbst einmal Glück und Geschick versuchen.

Der kleine Ring ist das Ziel

werden in Wyk und Utersum seit mehr als 100 Jahren Erkrankungen der Atemwege und der Haut erfolgreich kuriert. Tradition haben auch die Thalasso-Behandlungen, die Heilkräfte des Meeres nutzend. Algenpackungen pflegen und entschlacken, Molke-Meerwasserbäder beleben, warme Wattenschlick-Packungen lösen Muskelverspannungen. Wie ein Jungbrunnen wirkt auch das Reizklima der Nordsee: Jeder Atemzug vitalisiert, versorgt den Körper mit Jod, Salz, Aerosolen und Mineralien. Eine Wattwanderung gehört daher zu jedem Föhr-Urlaub. Start ist dabei im Dörfchen Dunsum. Von dort geht es hinüber nach Amrum – und per Fähre zurück nach Föhr.

Orientierungshilfe aus dem All

Um die Insel auf fünf markierten Routen und dem 36 km langen Fiete-Föhr-Erlebnisweg per Drahtesel zu erkunden, gibt es ein 144 Kilometer langes Radwegenetz. Das Besondere: Alle Touren sind GPS-geführte Routen – die Daten können bei der Tourist-Information auf ein GPS-Gerät geladen werden, das, am Fahrradlenker befestigt, digital den Weg weist. Die 34 Kilometer lange Große Inselrunde berührt nahezu alle Orte auf Föhr, die Mittlere Inselrunde, 24 Kilometer lang, erschließt den Osten, die 17 Kilometer lange Westerrunde den Westen der Insel, die 20 Kilometer langen Marschenrunden Wiesen und Weiden. Die 13 Kilometer der Geestrunde sind besonders für Familien mit Kindern geeignet. Bei kleineren oder größeren Pannen hilft unterwegs eine „Fahrradtankstelle", bei der es auch Kaffee und Schmalzbrote gibt.

Für andere liegt das Glück der Erde eher auf dem Rücken der Föhrer Pferde. Mit 850 Pferden gilt Föhr als Reiter-Mekka. Nicht nur Holsteiner Warmblüter und Trakehnerstuten, sondern auch portugiesische Lusitanos, kleine Shetlandponys, amerikanische Quarter- und englische

Sieger haben immer Grund zur Fröhlichkeit

01 *Unterwegs in Wyks Fußgängerzone*
02 *Auf dem Bauernmarkt von Oevenum*
03 *Fast ein Museum ist die Kneipe „Glaube, Liebe, Hoffnung"*
04 *Walkiefer weisen den Weg zum Friesenmuseum*

03

Shire-Horses, die größte Pferderasse der Welt, werden hier gezüchtet, zur Arbeit im 200 Hektar großen Inselwald eingesetzt – und an Urlauber für Ausritte vermietet. Hoch zu Ross sind sie nicht nur an Land, sondern auch auf dem Meeresboden unterwegs – 300 Meter vom Strand entfernt darf überall im Watt geritten werden. Und ein Bad im Priel genießen die Pferde so ausgelassen wie die Menschen.

Weltkarriere für Föhrer Enten

Bis heute ist die Landwirtschaft mit ihren Standbeinen Milchviehwirtschaft, Futterbau und Getreideanbau neben dem Fremdenverkehr wichtigster Wirtschaftszweig der Insel. So werden noch Dreiviertel der Inselfläche intensiv bewirtschaftet. Doch auch die meisten der 65 Vollerwerbsbetriebe haben längst den Gast entdeckt.

„Mir genügt zur Zeit das Schwatzen der Seevögel, das leise Sich-Wiegen des stachlichen Strandhafers, ein wenig durch die Finger rinnender Sand …"

Christian Morgenstern, 1905 auf Föhr

Seit Mitte der 1970er-Jahre bieten sie „Ferien auf dem Bauernhof" an und laden ein, den Alltag eines Insel-Bauern mitzuerleben: beim Melken der Kühe oder Füttern der Hühner. Dass das Leben auf dem Lande nicht immer nur Toben im Stroh war, davon erzählt das Föhrer Bauernmuseum, das Ingke und Heie Martens-Sönksen mit Liebe und Akribie in einem alten Bauernhof eingerichtet haben – viele der Ausstellungsstücke stammen aus den elterlichen Haushalten.

Thema sind auch Föhrer Besonderheiten wie die Vogelkojen, mit denen früher Wildenten gefangen wurden. Sie bestehen aus einem zentralen Teich, von dem mehrere

04

01 *Familien bestimmen den Strand von Utersum auf Föhr, …*
02 *… hinter dem am Horizont Amrum auftaucht*
03 *Für Sportsfreunde: Strandtennis …*
04 *… oder Beachvolleyball in Wyk*

02

03

SPECIAL   Auslandsföhrer

Friiske spräke in Amerika

Neben Landwirtschaft sorgten Salz-siederei, im 17. und 18. Jahrhundert Wal-fang und Robbenschlag, ab 1860 Handelsschifffahrt für gewissen Wohlstand. Dennoch gab es bis ins 20. Jahrhundert Zeiten bitterster Armut, deretwegen Föhrer ihre Insel verlassen mussten.

Probleme bereitete zeitweise die politische Situation der Insel, die von 1581 bis 1721 zwei-geteilt war: Das Westerland gehörte zu Däne-mark, das Osterland dem Gottorfer Herzog in Schleswig. 1721 wurde die ganze Insel dänisch, 1864 preußisch. Als die neuen Machthaber eine sechsjährige Wehrpflicht für Föhrer

Männer einführten, verstärkte sich die Emi-gration nach Amerika. Westerländer Föhrer zogen zu Verwandten nach New York, die im Delikatessenhandel auf der Bronx, Long Island und in Manhattan tätig waren; Oster-länder zog es nach Petaluma in Kalifornien, wo sie sich in der Landwirtschaft eine neue Existenz aufbauten. Erst in den 1950er-Jahren verebbte die Auswanderungswelle. Bis heute haben fast alle Föhrer Familien Verwandte in den USA – und die Auslandsföhrer oft großes Heimweh nach der Heimatinsel. Doch auch viele Föhr-Gäste sind süchtig nach ihrer Ur-laubsinsel: Seit 1998 existiert ein Föhr-Fanclub.

Gräben abgehen. Das Ende dieser soge-nannten „Pfeifen", mit Netzen überspannt und Strohmatten abgeschirmt, bilden die Fangkästen. Das Fangprinzip ist so einfach wie erfolgreich: Zahme Enten lockten die Wildenten zur Rast auf dem Teich. Zur Fütterungszeit folgten die wilden Enten ihren domestizierten Artgenossen in die sich verengenden Pfeifen – und wurden von hinter den Strohmatten versteckten Kojenwärter in die Fangkästen getrieben, getötet und ab 1885 in die Wildentenkon-servenfabrik von Heinrich Boysen in Wyk gebracht. Dort wurden die Enten in Dosen eingeweckt und weltweit exportiert – jähr-lich immerhin fast 40 000 Stück, ange-liefert auch von Fangstationen überall auf den anderen Inseln. Serviert wurde die Föhrer Krickente auch auf den New-York-Fahrten der Hamburg-Amerika-Linie – als Spezialität beim Kapitäns-Dinner.

Seit den 1950er-Jahren bilden die Vogel-kojen ökologische Nischen in der Marsch-landschaft. Gefangen wird hier heute nur noch im Auftrag der Forschung: So werden die Stockenten regelmäßig auf Schadstoffe und auf die Erreger der Vogelpest unter-sucht.

Aus alten Friesenzeiten: Heie Martens-Sönksen in seinem Landwirtschaftsmuseum in Oevenum

01 *Ein typisches sogenanntes Friesenhaus in Nieblum: reetgedeckt und mit „Zwerchgiebel" über dem Eingang*
02 *Der „erzählende" Grabstein von Kapitän Cramer …*
03 *… in Nieblums „Friesendom" St. Johannis*

Ferien mit königlicher Tradition

Geschützt hinter natürlichen Wind- und Wellenbrechern, den Halligen und den Inseln Amrum und Sylt, liegt die Insel Föhr – eine 82 Quadratkilometer große grüne Oase in der Nordsee. Ihre einzige Stadt, Wyk, gehört zu den ältesten Seebädern Deutschlands: Schon der dänische König Christian VIII. verbrachte mit seinem Hofstaat den Sommer in Wyk, 1844 in Gesellschaft des Märchendichters Hans Christian Andersen.

01 WYK AUF FÖHR

Wo im 17. Jh. die Walfänger zu ihren Fahrten starteten, legen heute die Fähren mit Urlaubsgästen an. Die Inselhauptstadt Wyk (4450 Einw.) ist seit 1819 ein Seebad mit bis zu 20 000 Gästen zur Hauptsaison– und damit eines der ältesten Deutschlands. 1704 war der Ort als Hafenplatz dokumentiert. 1879 schrieb der Walzerkomponist Johann Strauss (1825–1899) an der Wyker Strandpromenade seine „Nordseebilder". Als die Könige und Künstler fernblieben, kamen die Kinder: Bis heute gilt Wyk auf Föhr als Synonym für Kindererholung.

SEHENSWERT Zu den schönen Ecken des traditionsreichen Badeortes, leider auch mit einigen baulichen Schandtaten versehen, gehören die betriebsame **Fußgängerzone** mit hübschen Stadthäusern aus der Zeit um 1900 und die idyllische **Carl-Häberlin-Straße,** deren Giebelhäuser zahlreiche Rosen schmücken. Wahrzeichen von Wyk ist der Glockenturm an der Großen Straße/Mühlenstraße, 1892 aus Backstein erbaut. Herrliche Flaniermeile – auch, wenn die 1000 Ulmen des dänischen Königs inzwischen durch Kastanien ersetzt werden mussten – ist

Friesische Farben auf dem Schiffsbug: Reederei W.D.R.

noch immer der **Sandwall;** die Strandpromenade mit Blick auf die Halligen, ursprünglich als Hochwasserschutz angelegt, wurde neu gestaltet und erhielt einen Gezeitenbrunnen. Welche Höhe die Sturmfluten der letzten 170 Jahren erreichten, verrät ein Teak-Pfahl im alten Hafen: 1825 stiegt das Wasser auf 4,76 m über Normalnull (NN).

MUSEUM Ein gewaltiger Walkieferknochen schmückt den Eingang des **TOPZIEL Carl-Häberlin-Friesenmuseums,** das Föhrer Geschichte von der Steinzeit über die Wikinger bis heute lebendig werden lässt. Auf dem Freigelände zeigt Haus Olesen (1617), ältestes friesisches der Insel, sein 390 Jahre altes Interieur, die Inselscheune aus dem 18. Jh. landwirtschaftliche Geräte. Eine kleine Bockwindmühle erinnert an diesen auf Föhr einst weit verbreiteteten Mühlentyp. Neu angelegt wurde ein Garten mit alten Rosensorten (Rebbelstieg 34, Tel. 04681/2571, www.friesen-museum. de; Juli und Aug. tgl. 10.00 bis 17.00, Mitte März–Okt. Di.–So. 10.00–17.00, sonst Di.–So. 14.00–17.00 Uhr). Im **Nationalparkzentrum** wandern Besucher durch die Jahreszeiten des Wattenmeers und lernen dabei Flora und Fauna kennen (Altes Rathaus, Hafenstraße 23, Tel. 04681/4290, www.wattenmeer-nationalpark. de; April–Okt. So.–Fr. 10.00–17.30, sonst Mi. und So. und in Ferien 14.00–17.00 Uhr).

AKTIVITÄTEN Das Familien- und Kurbad **Aquawyk Föhr** bietet Meerwasserwellen, sollte es am Strand einmal nicht so verlockend sein (Stockmannsweg, Tel. 04681/3048, www.aqua wyk.de; tgl. 11.00–17.00/19.00 Uhr). An der **Schutzstation Wattenmeer** mit Wattenmeerraum und Diorama beginnen naturkundliche Führungen und Wattwanderungen (Badestraße 111, Tel. 04681/1313, www.schutzstation-wattenmeer.de).

KINDER Spielen, singen und basteln ist ganzjährig Programm im **Freizeithelferladen** der Kirche (Sandwall 38, Tel. 04681/50349, www.frei zeithelfer-wyk.de) und bei der Creativ-Werkstatt (Große Straße 22, www.creativ-wyk.de). Für leuchtende Kinderaugen sorgen im Sommer die **Föhrer Piratenwochen** mit Kaperfahrten, Schatzsuche, Seetierfang und Stockbrotgrillen.

NACHTLEBEN Seit fünf Generationen ist die Hafenkneipe **Glaube Liebe Hoffnung** der Treff

Föhr ist noch stark von Landwirtschaft geprägt

am Abend: Inmitten von maritimen Trophäen und ausgestopften Tieren kippen hier Föhrer und Feriengäste so manche „lütte Lage" – ein Bier mit einem Korn (Hafenstraße 28, Tel. 04 81/58 04 40, www.glaube-liebe-hoffnung.de).

VERANSTALTUNGEN Bei **Jazz goes Föhr** swingt im Juli die ganze Insel (www.jazz-goes-foehr.de). **Musik am Meer**-Konzerte erklingen im Musikpavillon Sandwall (Mai–Sept. Di. bis So.). Nur etwas für Abgehärtete ist das **Föhrer Neujahrsschwimmen.** Weniger für die Feriengäste als ein Spaß für sich selbst gibt es im Sommer überall auf der Insel **Ringreiterturniere.**

EINKAUFEN Als einziger Bauer der Insel stellt **John Hartmann** aus der Milch seiner Kühe noch selbst Rohmilchkäse her – und verkauft ihn, pur oder mit Bockshornklee, Bärlauch oder Kümmel gewürzt, im angeschlossenen Hofladen (Hauptstraße 9, Alkersum, Tel. 04681/2492). In Oevenum findet im Sommer Do. von 10.00 bis 12.30 Uhr rund um die Friedenseiche ein **Dorfmarkt** statt, bei dem nicht nur Gemüse und Obst, sondern auch Kunsthandwerk, Tand und Trödel verkauft werden.

UMGEBUNG Der einstige Hauptort **Boldixum** ist seit 1924 Ortsteil von Wyk. In der schlichten romanischen St.-Nicolai-Kirche (1240) fanden urspr. auch politische Versammlungen und Gerichtstage statt; auf dem Friedhof berichten „sprechende Grabsteine" von wechselhaften Schicksalen. Die Vogelkoje diente einst zum Vogelfang (April–Okt. Mo.–Fr. 10.00–12.00 Uhr). Im 410-Einw.-Dorf **Alkersum** liegt das Glück der

Urlauber auf Pferderücken – fünf Reiterhöfe mit 200 Rössern warten hier auf Ausritt oder Unterricht. Im hübschen Dorf auf der Grenze zwischen Geest, Marsch und Moor wurden viele alte Friesenhäuser in gemütliche Ferienwohnungen umgewandelt. Wer nicht reitet, kann beim Wandern oder Radfahren die landschaftliche Vielfalt auf engstem Raum erkunden.

Im Reetdachdorf **Midlum** (330 Einw.) hat der Maler Dax sein Atelier-Café (Dörpstraat 53, www.dax.midlum-foehr.de); auch die 1857 erbaute Windmühle lässt sich besichtigen. Für sportliche Abwechslung sorgen ein Quellenfreibad und ein Trimm-Pfad. In **Oevenum** (450 Einw.) hat Heie Martens-Sönksen in einem alten Föhrer Bauernhof ein landwirtschaftliches Museum eingerichtet (Buurnstrat 48, Tel. 04681/2673; März–Okt. tgl. 14.00–17.00 Uhr).

INFORMATION

Föhr Tourismus Gesellschaft mbH, Postfach 1511
Feldstraße 36, 25933 Wyk auf Föhr, Tel. 04681/300
Fax 04681/3068, www.foehr.de

Tipp

Mit Fiete Föhr erkunden

Fiete Föhr, ein waschechter Föhringer, führt Radfahrer auf seiner 36 km langen Erlebnisroute einmal rund um die Insel. Start ist am Wyker Hafen, wo das Maskottchen als hölzerne Skulptur von Friedrich Oettinger die Gäste begrüßt. Vorbei an 28 Stationen, zu denen die Begleitbroschüre vertiefende Informationen bereithält, geht es hin zu Flutmarken und dem Friesenmuseum, zum Goting-Kliff und zur Godelniederung, zu Vogelkojen, Mühlen und idyllischen Friesendörfern.

Informationen und Kartenmaterial bei der Föhr Tourismus Gesellschaft in Wyk und den Kurverwaltungen in Nieblum und Utersum

Der „Friesendom" von Nieblum und sein Friedhof mit einigen „sprechenden" Grabsteinen

02 NIEBLUM

Prächtige Friesenhäuser, verwunschene Bauerngärten und alte Alleen machen Nieblum (640 Einw.) zum Inselschmuckstück. Viele der weißen und roten Häuser aus dem 18. Jh. gehörten einst Kapitänen, durch Seefahrt und Walfang zu Wohlstand gekommen.

SEHENSWERT Der romanisch-gotische sogenannte **⊙ TOPZIEL** Friesendom **St. Johannis** (13. Jh.) ist die größte der drei historischen Inselkirchen und zählt zu den bedeutenden Sakralbauten Schleswig-Holsteins. Zu den Kunstschätzen im Innern gehören die Granittaufe (1200), die überlebensgroße Johannes-Figur (15. Jh.) eines unbekannten Meisters, der dreiflügelige Schnitzaltar (1487) und eine Renaissancekanzel (1618) mit Szenen aus dem Leben Jesu, vom Flensburger Meister Hinrich Ringeling geschaffen. Auf dem Friedhof berichten 265 reich verzierte Grabplatten vom Leben wohlhabender Nieblumer Bürger.

AKTIVITÄTEN Abschlagen lässt sich auf dem 18-Loch-Platz des Golf-Clubs Föhr (Grevelingstieg 6, Tel. 04681/580455, www.golfclub foehr.de), **Baden** am 6 km langen Strand im Ortsteil Goting, der ostwärts in den Wyker Südstrand übergeht und im Westen am 9 m hohen Goting-Kliff endet. **Wandern** oder **Rad fahren** lässt es sich auf der 5 km langen „Traumstraße" von Goting über Witsum und Hedehusum nach Utersum.

KINDER Kerzenziehen gibt es in der Kerzenscheune (Poststraat 7, Tel. 04681/501869; Sommer tgl. 12.00–20.00 Uhr).

RESTAURANT Urig und kinderfreundlich ist die **Lohdeel,** die in einer ehemaligen Scheune herzhafte Hausmannskost serviert (Heidweg 2, Tel. 04681/580061).

VERANSTALTUNGEN Die Klänge der **Sommerkonzerte** erfüllen von Juni bis Sept. St. Johannis (Fr. 20.00 Uhr).

UMGEBUNG Bei Borgsum erhebt sich nördl. des Dorfes die **Lembecksburg.** Der 10 m hohe Ringwall aus dem 9. Jh. ist der Rest einer Verteidigungsanlage gegen Wikinger, im 14. Jh. vom namengebenden dänischen Lehnsherrn Klaus Lembeck besetzt.

.

INFORMATION

Kurverwaltung, Dörpshus, Poststraat 2
25938 Nieblum, Tel. 04681/2559, Fax 04681/3411
www.nieblum.de

03 UTERSUM

Der 15 km lange, weiße Sandstrand von Utersum (450 Einw.) gilt als schönster der Insel. Mehr als 500 vorgeschichtliche Grabhügel gab es einst auf der Föhrer Geest, sie erinnern an die frühe Besiedlung der heutigen Insel. Am Utersumer Deich sind auf Höhe der Seebrücke Reste des Sunbereg zu erkennen, einer jungsteinzeitlichen Grabkammer, die in der Bronzezeit erneut belegt wurde. Um die drei Hügelgräber Triibergem ranken sich zahlreiche Sagen – sie sollen Heimstatt winziger Zwerge sein. 1360 wurde Utersum erstmals genannt. Zu den Liebhabern des kleinen See- und Kurbades gehörte auch Hans Rosenthal

(1925–1987), der in Utersum ein Ferienhaus hatte – heute erinnert ein Denkmal vor dem Haus des Gastes an den populären Quizmaster.

AKTIVITÄTEN Angeln lässt sich in den drei Utersumer Gemeindeteichen (Angelschein bei der Kurverwaltung), **Surfen** am ausgewiesenen Surfstrand.

UMGEBUNG Bei **Witsum** schlängelt sich die Godel, der einzige „Fluss" der Insel, durch Salzwiesen zum Meer.

INFORMATION
Kurverwaltung, Haus des Gastes, Klaf 2
25938 Utersum auf Föhr, Tel. 04683/346
Fax 04683/1361, www.utersum.de

04 OLDSUM

In Oldsum (571 Einw.) im Westen der Föhrer Marsch haben sich zahlreiche Künstler und Kunsthandwerker niedergelassen. Wahrzeichen des 1463 genannten alten Bauerndorfes ist eine reetgedeckte Windmühle (1901), die bis 1954 in Betrieb war. Im 17. Jh. stellte der Ort eine Vielzahl erfolgreicher Walfänger. Bekannteste Tochter des Ortes ist Friede Springer – die Mehrheitseignerin des Axel-Springer-Konzerns wurde 1942 hier geboren.

SEHENSWERT In **Stelly's Hüüs,** einem Kapitänshaus von 1837, zeigt Rolf Stelly seine Schätze aus 50 Jahren Sammeleifer: ein kunterbuntes Kuriositätenkabinett mit merkwürdigen, seltsamen und seltenen Exponaten aus aller Welt (Oldsum 38, Tel. 04683/306; April–Okt. Mi.–Mo. 11.30–18.00 Uhr). Angeschlossen sind Teeladen, Töpferei und ein kleines Café, das Stellys Tochter Anneta König betreibt. Am Sötjersteig hat der Maler Enzian Calvados, mit bürgerlichem Namen

Die Westland-Kirche St. Laurentii bei Süderende

Ohrenstürmer aus Föhr

Alex, Konstantin, Eike und Christian sind „Stanfour": Vier junge Rockmusiker aus Föhr, die mit ihrem Ohrwurm „Do it all" im Sommer 2007 die Charts stürmten. Ihr zweiter Song „For all Lovers" wurde von SAT.1 als Titelmelodie der Show „Nur die Liebe zählt" ausgewählt, im Frühjahr 2008 erschien mit „Wild Life" das erste Album der Band. Seitdem touren sie durch Deutschland, treten vor ausverkauften Häusern auf und begeistern das Fernsehpublikum.
Ganz anders klingt Hauke Nissen. Er komponiert aus der Natur der Insel Musik, die garantiert entspannt – als Klangteppich aus Meeresrauschen und Harfenklängen, Flötentönen und Vogelstimmen. Seine CDs gibt es im Internet – und in seinem Laden „Art und Weise" in Oldsum

Infos auch auf www.stanfour.com bzw. www.haukenissen.de

Dr. Boskamp, sein Atelier für Besucher geöffnet (Mi. und Sa. 15.00–18.00 Uhr). Im Oldsumer Vorland hat die Schutzstation Wattenmeer in einem Bauwagen ein kleines Infozentrum eingerichtet (Mai–Aug.).

RESTAURANT Besonders gut mundet der frisch gebackene Oldsumer Apfelkuchen von Familie Gloy unter den Obstbäumen des **Apfelgartens** (Tel. 04683/898, www.imapfelgarten.de). Rote Grütze, Lamm und andere regionale Spezialitäten stehen auf der Karte des friesischen Gasthofs **Ual Fering Wiartshüs** (Haus 141, Tel. 04683/465).

AKTIVITÄTEN Die ❼ **TOPZIEL Wattwanderungen** von Föhr nach Amrum beginnen in Dunsum – nur von dort aus lassen sich die tiefen Priele zwischen den beiden Inseln umgehen oder durchqueren.

UMGEBUNG Ursprünglich und urgemütlich ist **Süderende** (200 Einw.), drittes der historischen Inselkirchdörfer. Seine berühmte, im Urspr. romanische St.-Laurentii-Kirche (13. Jh.) erhebt sich etwas südlich inmitten der Felder – damit alle Gläubigen des Westerlandes einen gleich weiten Weg zum Gottesdienst hatten. Auf dem **Friedhof** ruht Föhrs berühmtester Walfänger: Der Oldsumer „Glückliche Matthias" Petersen (1632–1706) hatte innerhalb von fünf Jahrzehnten auf See 373 Wale erlegt.

Nicht versäumen!

KULTUR

Im Museum der Friesen
Von der jahrhundertelangen Einkommensquelle Salztorfgewinnung bis hin zu den Gefahren des Walfangs präsentiert das Dr.-Carl-Haeberlin-Friesenmuseum in Wyk anschaulich Leben und Schicksal der Inselfriesen.

❼ **TOPZIEL**   Siehe Nr. **01**

ERLEBEN

Ein Strandwall-Bummel
Sommerfreuden pur vermittelt ein Spaziergang auf der frisch herausgeputzten Strandpromenade von Wyk mit Blick auf den schönen Strand, hinüber zur Nachbarinsel Amrum und zu den weiter südlich liegenden Halligen.

          Siehe Nr. **01**

ERLEBEN

Glaube, Liebe, Hoffnung
Die urige Kneipe, benannt nach den drei Symbolen der Friesentracht, ist eine Institution in der Wyker Hafenstraße – Seemanns-Souvenirs aus aller Welt schmücken die Wände, eine Vielzahl von Schnäpsen die Karte.

          Siehe Nr. **02**

KULTUR

Ein echter Friesendom
St. Johannis in Nieblum ist das größte, prächtigste Gotteshaus Föhrs und sucht auch seinesgleichen auf den umliegenden Inseln – und gehört zu den bedeutenden Sakralbauten Norddeutschlands.

❼ **TOPZIEL**   Siehe Nr. **02**

ERLEBEN

Auf dem Meeresboden unterwegs
Eine stundenlange Wattwanderung weit vor den Inselküsten von Föhr nach Amrum – oder von Amrum nach Föhr – ist sicherlich anstrengend, aber ein unvergessliches Erlebnis, das alle Sinne anspricht.

❼ **TOPZIEL**   Siehe Nr. **04**

Ein wenig im Windschatten

Pellworm und Nordstrand stehen nicht in der ersten Reihe der nordfriesischen Urlaubsinseln – haben aber dennoch eine treue Anhängerschaft. Diese schätzt die Ruhe, die satten Farben der Natur hinter den mit weißen Schafen betupften Deichen und nicht zuletzt das Meer, das auch hier Badevergnügen verspricht – allerdings im Rhythmus der Gezeiten.

Im äußersten Westen Pellworms steht gleich hinter dem Deich die Kirche St. Salvator

01

02

03

04

*„Pellworm – Insel im
Atlantischen Ozean, gegenüber
England, Nordkap gleich rechts."*

Detlev von Liliencron

Pellworm ist ganz anders als ihre Nachbarinseln Sylt, Föhr und Amrum. Saftige Weiden und grüne Deiche prägen das Bild der Marscheninsel, die erst mit der großen Oktoberflut 1634 entstand. In der Nacht des 11. auf den 12. Oktober war damals die alte Insel Strand auseinander gebrochen. Ihr Westteil, der damals bereits Pellworm hieß, wurde zur Insel – wie auch Nordstrand, das seit 1907 durch einen drei Kilometer langen Straßendamm mit dem Festland verbunden ist. Als Schutz vor weiterem Landverlust umgibt heute ein je acht Meter hoher und 28 Kilometer langer Außendeich beide Inseln.

Das Werk wilder Kerle

Wahrzeichen von Pellworm ist die 26 Meter hohe Turmruine der „Alten Kirche" St. Salvator, die zu den sogenannten „Knuts-Kirchen" gehört. Dänenkönig Knut der Große hatte in der ersten Hälfte des 11. Jahrhunderts diverse Kirchenbauten initiiert, um das seinerzeit gerade eingeführte Christentum zu festigen. Der Ziegelturm des mittelalterlichen Gotteshauses stürzte 1611 ein, weil der weiche Wattboden seinem Gewicht nicht gewachsen war. Dramatischer beschreibt eine Sage den Einsturz. Im kalten Winter 1420 soll der Büsumer Seeräuber Cord Widderich dort mit 50 wilden Dithmarscher Kerlen

gehaust und die Stützbalken des Gebäudes verfeuert haben. Inselpastor Manfred Adam, der seit 1988 auf Pellworm predigt, kennt die Sagen der Kirche und ihrer Kunstschätze, zu denen auch eine der wenigen erhaltenen Orgeln des Orgelbauers Arp Schnitger aus dem Jahr 1711 zählt. Ihr Klang ist so berühmt, dass Virtuosen aus der ganzen Welt nach Pellworm reisen – und seit 50 Jahren bei sommerlichen Orgelkonzerten die Gäste lauschen machen.

Gelb der Raps, rötlich die Krabben

Doch Pellworm lebt nicht nur vom Tourismus. Landwirtschaft und Fischerei sind hier keine Kulisse, sondern vitale Wirtschaftszweige. Rund 60 Vollerwerbsbetriebe mit Milchvieh, Schafen und Bullenmast gibt es auf Pellworm, 15 Prozent davon sind Öko-Landwirte. Im Mai lassen die Rapsfelder die Insel gelb leuchten, im Sommer die wogenden Weizenfelder. Die Fischer holen Garnelen, Seezungen und Meeräschen aus den Netzen; von März bis November fahren die sechs Krabbenkutter aufs Meer hinaus. Am Kai wird ihr Fang gleich vom Kutter verkauft.

Mit der Einrichtung des höchsten Standesamtes Deutschlands im Pellwormer Leuchtturm, der auf 127 Eichenpfählen im Süden der Insel ruht, begründete der Standes-

---

01 *Sandstrand sucht man auf Pellworm vergebens
– hier sonnt man sich auf grünem Grund*
02 *Ehemalige Priele entwässern bis heute das
Inselinnere von Pellworm*

03 *Rapsfelder, ein typisches Frühsommerbild:
Pellworm ist von Landwirtschaft geprägt*
04 *Vom Kaydeich beim Leuchtturm blickt man
hinüber zum „Hotel Friesenhaus"*

02

03

Geschichte

Rungholt – Legende und Wirklichkeit

Manchmal ist in windstillen Nächten vor Pellworm und Nordstrand ein Läuten zu hören, und ein Wehklagen zieht durch die dunkle Nacht – Klänge aus dem versunkenen Rungholt.

Hätten die vom Glück verwöhnten Bewohner in ihrem Übermut nicht Gott verhöhnt, würde die sagenumwobene Stadt noch stehen, es gäbe keine Halligen, und die „grote Mandränke", die Sturmflut 1362, hätte nicht stattgefunden. So hörte es der Dichter Detlev von Liliencron, 1882 Hardesvogt auf Pellworm, von den Insulanern – und schrieb flugs eine seiner schönsten Balladen, vom norddeutschen Rock-Musiker Achim Reichel 1979 vertont.

Man mag die Legende glauben oder nicht – Rungholt gab es. 1361 wurde die Stadt in einer Handelsvereinbarung mit Hamburger Kaufleuten erwähnt, 1636 noch vom Husumer Kartografen J. Mejer verzeichnet. Als sich 1920 die Strömung im Watt änderte, gab die See erste Spuren frei: Scherben von Töpfen und Krügen, Reste von Schleusen und Pfählen. Zeugnisse von Rungholt? Die Suche geht weiter. Einige Funde zeigt der frühere Fischer Helmut Bahnsen (Foto) in seinem Rungholt-Museum. Das Schicksal Rungholts und der vielen in Jahrhunderten untergegangenen Dörfer ist Anlass für die „Rungholttage", alljährlich im Mai auf Pellworm begangen.

beamte Dieter Clausen 1998 Pellworms Ruf als Hochzeitsinsel.

Wenig weiter drehen sich mächtige Windräder. Umweltbewusste Energieerzeugung ist auf der grünen Insel nicht nur politischer Wille, sondern auch profitabel: Im Hybridkraftwerk bei Tammensiel werden jährlich 1,5 Millionen Kilowattstunden Strom aus Wind und Sonne erzeugt und ins Netz eingespeist. „Ökologisches Wirtschaften" ist auch das oberste Anliegen eines gleichnamigen Vereins, der nachhaltige Konzepte für die Landwirtschaft, die Energieerzeugung und den Fremdenverkehr entwickelt und die Insel zum Projekt der Weltausstellung EXPO 2000 machte.

Ungeliebte Holländer

Hinüber nach Nordstrand braucht die Fähre 35 Minuten. Anders als auf Pellworm, wo nach der großen Sturmflut die Bewohner ihre Insel selbst neu eindeichten, hatte Nordstrand eine Landflucht erlebt – die Bewohner waren bis in die Uckermark geflüchtet. Um die nahezu verwaiste Insel zu erhalten, unterschrieb der Gottorfer Herzog Friedrich III. 1652 den ersten „Oktroy" Nordfrieslands. Dieser Freibrief sprach dem Brabanter Deichgrafen Quirinius Indervelden weitreichende Rechte auf der Insel zu, sollte er sie erfolgreich vor dem Zugriff des Meeres schützen. Als

01 In Pellworms Hafen Tammensiel liegen
  Krabbenkutter und Sportschiffe gleichermaßen
02 Ein Meisterstück Arp Schnitgers: die Orgel …
03 … in Pellworms Kirche St. Salvator

01

02

Süderhafen war ein Jahrhundert lang Nordstrands Tor zur Welt – bis der Damm durch die Nordstrander Bucht gebaut wurde.

neuer Eigentümer waren Indervelden und seine katholischen Deichbauern aus den Niederlanden über Jahre von allen Abgaben befreit und oberste Herren von Gericht, Polizei, Kirche und Verwaltung. Die verbliebenen Insulaner empfingen die neuen Bewohner mit Ablehnung. Ihre Proteste jedoch blieben fruchtlos. Denn: „Wer nich will dieken, der mutt wieken" – wer nicht deichen will, muss weichen, so lautet seit jeher die harte Wirklichkeit an der Küste. Und die neuen Herren waren erfolgreich. 1654 wurde als erster der heutige Alte Koog eingedeicht, und mit dem 1691 als letztem fertiggestellten Neukoog war der größte Teil der Insel wieder flutsicher trockengelegt.

Erst mit dem französischen Grafen Jean Henri Desmercieres wendete sich das Schicksal der Einheimischen. Der Blaublüter, der in Dänemark Karriere als Konferenzrat gemacht hatte, ließ 1768 den Elisabeth-Sophien-Koog eindeichen. Das neu gewonnene Land vergab Desmercieres günstig an die Insulaner, die so wieder Einfluss in ihrer Heimat gewannen. Der Oktroy jedoch blieb insgesamt 200 Jahre, bis zur Einführung der Preußischen Gemeindeverfassung nach dem Deutsch-Dänischen Krieg 1864/1865, in Kraft. Und auch danach gingen die Landsicherung und -gewinnung weiter – bis hin zum 1987 geschlossenen, wie viele der baulichen Maßnahmen zwischen Küsten- und Naturschützern heftig umstrittenenen Beltringharder Koog, der große Wattflächen unwiederbringlich beseitigte – und Nordstrand zur Halbinsel machte. Doch ein „Inselgefühl" hat sich Nordstrand bis heute bewahrt.

01 *Nordstrands alt-katholische Kirche St. Theresia am Osterdeich in Süden*
02 *Nach alten Vorbildern arbeitet die Nordstrander Töpferei in Süden*
03 *Buchstäblich oben: Nordstrands Dorf Oben*
04 *Nordstrands Süderhafen bei Ebbe*

Zu Besuch auf den beiden Stillen

Pellworm und Nordstrand entstanden beide in einer einzigen Sturmnacht, die bis heute im kollektiven Gedächtnis der Bewohner verhaftet ist. Seither ist hinsichtlich des Küstenschutzes viel geschehen, und so können beide „Inseln" ihren Feriengästen sorgenfreien Urlaub garantieren – in einem Land der Schafe. Auf Nordstrand trifft diese Beschreibung sicherlich zu, nicht ohne Grund feiert man vor allem – und hier besonders ausgeprägt – die Nordfriesischen Lammtage.

Brücke zur Welt: Fähranleger von Pellworm

01 PELLWORM

**„Grenzenlose Einsamkeit! Herrlich,"
schwärmte der Dichter Detlev von Liliencron
1891 von seiner Lieblingsinsel, auf der or
1882/1883 als Deichhauptmann gewirkt hatte.**
Und noch immer fehlt auf der 37 km² großen
Marscheninsel eines: Hektik. Die grüne Insel
(1180 Einw.) ist bis heute ein Ort der Beschaulichkeit und Ruhe – und ein ideales Sprungbrett für
Ausflüge zu den Halligen, die Pellworm strahlenförmig umgeben. Großräumiger Torfabbau – und
dadurch verursachtes tief liegendes Land – hatte
es 1634 der Burchardiflut erleichtert, die damalige
Insel Strand zu zerschlagen. Der Westen von
Strand wurde zu Pellworm.

SEHENSWERT Wahrzeichen Pellworms ist
die ⊙ **TOPZIEL Alte Kirche St. Salvator**
(1200) im Alten Koog im Westen der Insel. 1611
stürzte die Osthälfte des ursprünglich 52 m hohen
Kirchturms ein. Die 29 m hohe Turmruine dient
noch heute der Schifffahrt als Landmarke. Im
Innern birgt das Gotteshaus neben einem Altar
und einer Bronzetaufe aus dem 15. Jh. ein Kleinod:
Schleswig-Holsteins einzige Arp-Schnitger-Orgel
(1711), auf der in der Saison regelmäßig Orgelkonzerte stattfinden. Die **Neue Kirche** im Großen
Koog erhielt erst 1621/1622 ihren heutigen Standort. Ihr Inventar stammt zumeist aus den 1634 zerstörten Alt-Nordstrander Kirchen. Der Pellwormer
Leuchtturm (1907, 41,5 m) entstand zeit- und

weitgehend baugleich mit zwei weiteren Leuchttürmen in Nordfriesland: dem Leuchtturm Westerheversand auf Eiderstedt und den Hörnumer
Leuchtturm auf Sylt – sie wurden allesamt aus
rund 700 gusseisernen Teilen errichtet, von 16 500
Bolzen und Schrauben zusammengehalten. Heute
ist der Turm an der Südküste nicht nur bei Ausflüglern beliebt, die die weite Fernsicht genießen,
sondern auch bei Brautpaaren. Am Bekstrom
nördl. Seegarden betreibt E.ON Hanse das größte
Hybridkraftwerk Europas. Wie mit Hilfe neuer
Technologien durch die Kombination von hier besonders häufig scheinender Sonne und meist
kräftig wehendem Wind eine bessere Nutzung
regenerativer Energiequellen erreicht wird, erfahren
Besucher im Infozentrum am bereits 1983 eingerichteten Solarfeld (April–Okt. Do.–Di. 10.00 bis
17.00 Uhr). In der **Vogelkoje** im Nordosten
wurden von 1905 bis 1946 Enten und Gänsen gefangen – heute kann man dort spazieren gehen
und die Fanganlage auf Führungen des Vereins
für Naturschutz und Landschaftspflege „Mittleres
Nordfriesland" (Tel. 04846/259) kennenlernen.

MUSEUM Im **Rungholtmuseum** des
Heimatforschers und Hobby-Archäologen Helmut
Bahnsen lassen sich die Spuren der rund um Pellworm untergegangenen Siedlungen entdecken
(Westerschütting 2, Tel. 04844/569; Mi. ab
15.00 Uhr). Das **Inselmuseum** in der Tourist-
Information präsentiert auf kleinstem Raum
kompakt die Entstehungs-, Siedlungs- und Kulturgeschichte der Insel (Uthlandestraße 2; April bis

Okt. Mo.–Do. 8.00–12.00 und 14.00–16.00, Fr. 8.00
bis 12.00, sonst Mo.–Do. 8.00–12.00 und 14.00 bis
16.00 Uhr). Im **Dampferschuppen** am Alten
Hafen verdeutlichen Karten, Fotos, Modelle und
andere Exponate die Arbeit der Fischer, Seeleute
und Schiffer (Am Alten Hafen/Nordseite, Tel.
04844/12 66, www.seefahrt.pellworm.net; April bis
Nov. tgl. 10.00–17.00 Uhr). Flora und Fauna des
Nationalparks präsentiert die **Schutzstation**

Tipp

140 Stufen zum Ja-Wort

Auf dem neunten Deck des rot-weiß geringelten Pellwormer Leuchtturms sind Brautleute im siebten Himmel. Seit 1998 haben
sich im höchsten Standesamt Deutschlands
mehr als 2200 Paare vor Rettungsring,
Steuerrad und Anker ihr Ja-Wort gegeben.
Ein passender Ort – immerhin stehen diese
Seezeichen unübersehbar für Zuverlässigkeit, Kraft und Stärke, Treue und Sicherheit, und das zu allen Zeiten. Immer dabei
ist der pensionierte Kapitän Wilfried Eberhard. Er arrangiert das einstündige Beiprogramm, lässt die Schiffsglocke „tuten", teilt
Sekt und Glückscent aus und schickt die
frisch Vermählten zur ersten Belastungsprobe ihrer jungen Ehe noch einiger Treppen höher, hinaus auf den äußeren Leuchtturmring. Der Wind pfeift, doch nach Pellwormer Brauch muss das Pärchen jetzt einmal um den Leuchtturmring gehen …

*Wilfried Eberhardt, Schardeich 10
25849 Pellworm, Tel. 04844/99 08 80,
www.leuchtturm-hochzeit.de*

Wattenmeer in ihrem naturkundlichen Informations- und Erlebniszentrum. In Aquarien sind
heimische Meeresbewohner zu sehen (Villa Wattwurm, Osterschütting 9, Tel.04844/760, www.
schutzstation-wattenmeer.de; tgl. 10.00–12.00 und
15.00–17.00 Uhr).

Tipp

Wattwandern zu Pferde

Ein ungewöhnliches Erlebnis für Pferdefreunde ist ein Ausritt in die Weite des Wattenmeeres. Besonders geeignet ist dafür Pellworm – dort begleiten Wanderreitführern Ausflüge zu Pferde. Los geht es am Leuchtturm.

Britta und Ronald Herbst, Wattreiterhof Pellworm, Süderkoogweg, 25849 Pellworm, Tel. 04844/99 05 57, www.wattreitenwanderreiten.de
Matthias Sielaff und Meike Ruppertz, Reitstall Appelhof, Schulstraße 9, 25849 Pellworm, Tel. 04844/224, www.wattreiten.de

AKTIVITÄTEN Hauptattraktion des **Pelle-Welle Freizeitbads** ist die 62 m lange Wasserrutsche (Uthlandstraße 6, Tel. 04844/99 04 49, www.pelle-welle-freizeitbad.de; Mo. 10.00–16.00, Di.–So. 14.00–20.00 Uhr). Beim **Krabbenfischen** mit der „de Puuk" wird wie in früheren Zeiten in den Prielen mit dem Fangnetz nach Krabben gefischt (Info: Tourist-Information). Südw. liegt **Süderoog**, kleinste der ganzjährig bewohnten Halligen (außerhalb des Kartenausschnitts, s. Karte S. 100); die naturkundlichen **Wattwanderungen** dorthin (4 km) begleiten Führer der Schutzstation Wattenmeer (Villa Wattwurm, Osterschütting 9, Tel. 04844/760, www.schutzstationwattenmeer.de). An der Hooger Fähre beginnen **Bootsausflüge** zur Hallig Norderoog und nach Norderoogsand.

KINDER Kinder bis 12 Jahre erhalten bei der Tourist-Information gegen Vorlage der Kurkarte den **Kinderpass,** der viele Vergünstigungen ge-

währt – darunter einen freien Eintritt in der Pelle-Welle sowie Rabatte beim Ponyreiten, bei Kutschfahrten oder bei Ausflugsfahrten mit dem Schiff. In der „Pellwormer Kinnerstuv" können Kinder im Alter zwischen drei und sieben Jahren zweimal in der Woche unter Aufsicht spielen, basteln und im Garten toben.

RESTAURANT In der **Nordermühle,** einem Zwickstellholländer von 1652, wird von März bis Okt. gutbürgerliche Küche serviert (Nordermitteldeich, Tel. 04844/656. Schnitzel mit Krabben und Spiegelei gibt es im **Gasthaus Hooger Fähre,** von dessen Sonnenterrasse sich eine weite Sicht auf die Felder und Wiesen der Insel Pellworm eröffnet (Hooger Fähre 5, Tel. 04844/992323, www.gasthaus-pellworm.de).

VERANSTALTUNGEN Mit dem **Biikebrennen** beginnt am 21. Febr. der Festkalender. Die **Pellwormer Rungholttage** (Mai) informieren auch über die Geschichte der Insel. Im Juni oder Juli gibt es auch hier **Ringreiter-Wettbewerbe**. Touristisch ist das **Hafenfest** (Aug.), für Freizeitsportler gedacht das **Triathlon „Trifun"** (Aug.).

INFORMATION

Kur- und Tourismusservice, Uthlandstraße 2
25849 Pellworm, Tel. 04844/ 1 89 40
Fax 04844/1 89 44, www.pellworm.de

02 NORDSTRAND

Nordstrand wird von allen Nordfriesischen Inseln noch am stärksten von Landwirtschaft geprägt – ist aber seit Fertigstellung des Festlanddamms 1934 und vor allem der Einrichtung des Beltringharder Koogs 1987 genau genommen keine Insel mehr. Auch Nordstrand (30 km²) entstand durch die Burchardiflut 1634. Hier, in der Heimat von Schleswig-Holsteins Ministerpräsident Peter-Harry Carstensen, wurde der „Pharisäer" erfunden. Und wer stundenlang durchs Watt gelaufen ist oder beim Fahrrad fahren dem Wind getrotzt hat, stärkt sich gerne mit diesem hochprozentigen heißen Getränk.
Nordstrand war auch schon einmal Filmkulisse. Für das Leinwanddrama „Der Pfarrer von St. Pauli" (1970) mit Curd Jürgens in der Hauptrolle wurde unter anderem in der Kirche St. Theresia, der damaligen Gaststätte Thater (heute Landgasthof Herrendeich) und am Strandabschnitt Strucklahnungshörn/Norderhafen gedreht.

SEHENSWERT Auf Nordstrand gibt es die älteste deutsche Gemeinde der Altkatholischen Kirche; sie entstand nach der Einwanderung vielfach privilegierter niederländischer Deichbau-

Tipp

Mit Wattboten unterwegs

Das Wattenmeer ist seine Heimat: Knud Knudsen trägt die Post für die Bewohner der kleinen Hallig Süderoog 7 km zu Fuß durchs Watt. Auf diesem Weg nimmt Deutschlands einziger Wattpostbote auch kleine Gruppen mit – pro Strecke dauert die Tour anderthalb Stunden.

Informationen beim Kur- und Tourismusservice, Uthlandstraße 2, 25849 Pellworm, Tel. 04844/1 89 40, www.pellworm.de

spezialisten. Ihr 1662 erbauter Backstein-„Inseldom" **St. Theresia** (Osterdeich 1, www.inseldom.de) steht seit 1972 unter Denkmalschutz. Die römischen-katholischen Gläubigen erhielten erst 200 Jahre später das Recht, auf Nordstrand eine eigene Kirche zu bauen – 1866 errichteten sie ihre Pfarrkirche **St. Knud** (Herrendeich 2). Ältestes Gotteshaus der Insel ist jedoch die mittlerweile ev. **St.-Vinzenz-Kirche** in Odenbüll aus dem 13. Jh., die im Inneren einen spätgotischen Schnitzaltar (um 1480) und eine Kanzel von 1605 birgt; sie ist eine von drei der einst 22 Kirchen, die die Flut 1634 überstanden.
In der **Vogelkoje** im Alten Koog wurden bis 1965 Enten gefangen (Tel. 04842/90 34 03; Führungen Mitte Mai–Okt. Mi. und So. 11.00 Uhr). Vor den Deichen Schleswig-Holsteins, auf den nordfriesischen Halligen und an der Küste Nordstrands erstrecken sich Salzwiesen auf mehr als 10 000 ha; durch diesen einzigartigen Lebensraum, in dem jährlich Hunderttausende Vögel brüten, führt der **Salzwiesenlehrpfad** am Süderhafen (April bis Okt.).

MUSEUM Von der „Mannestränke" 1634 und anderen Ereignissen der Geschichte berichtet das **Heimatmuseum** (Süden 33, Tel. 04842/ 344). Eine gute Einführung in die Natur des Wat-

Die Nordermühle, heute ein Restaurant

tenmeers bietet das **Nationalparkhaus** (Am Kurhaus 27a; Juni–Sept. Mo.–Fr. 10.00–18.00, Sa. und So. 9.00–17.00, sonst Mo.–Fr. 14.00–18.00, Sa. und So. 14.00–17.00 Uhr).

AKTIVITÄTEN Außerdeichs ist **Radfahren** besonders schön – Leihräder gibt es bei Uhle's Fahrradverleih (Osterdeich 26, Tel. 04842/219) und beim Feriendienst Thiessen (Am Kurhaus 36, Tel. 04842/1016). Geführte **Wattwanderungen** bieten Gabriele und Thomas Kluge (Westen 73, Tel. 04842/ 90 30 93), Regine Brauer (Westen 35, Tel. 04842/ 83 60) und die Schutzstation Wattenmeer (Tel. 04842/519) an. Die Hallig Nordstrandischmoor lässt sich auf **Ausflugsfahrten** der Adler-Schiffe entdecken (Hörnstraße 3, Tel. 04842/9 00 00). Ist das Meer zu kalt, führt das **Schwimmbad** zum Badespaß (Am Kurhaus 27, Tel. 04842/466; Juni–Sept. 10.00–12.00 und 14.00 bis 19.00 Uhr, sonst kürzer).

CAFÉS Unter dem Reetdach des idyllisch gelegenen **Pharisäerhofs** soll 1872 das hochprozentige friesische Nationalgetränk erfunden worden sein (Elisabeth-Sophien-Koog 3, Tel. 04842/ 353, www.pharisaerhof.de). Süße und herzhafte friesische Spezialitäten servieren Astrid und

VERANSTALTUNGEN Auch auf Nordstrand flammen am 21. Febr. die **Biike-Feuer** auf. Das Skating-Marathon führt mitten durch den Beltringharder Koog (Mai, www.nordfriesland-skating.de), Ein Dauerbrenner sind die überaus schmackhaften Nordfriesischen Lammtage mit großen Programm (Mai–Juli, www.lammtage.de).

UMGEBUNG Dort, wo vor 1362 das legendäre Rungholt gelegen hat, erhebt sich heute die 56 ha große ❿ **TOPZIEL Hallig Südfall.** Da sie sich in der Schutzzone 1 im Nationalpark Schleswig-Holsteinisches Wattenmeer befindet, darf das Mini-Eiland nur von geführten Gruppen betreten werden. Kutschfahrten und Wattführungen zur Hallig starten bei Fuhlehörn auf Nordstrand (Auskunft und Anmeldung zu Kutschfahrten bei Werner Andresen, Tel. 04842/300; Mai–Okt. 8.00 bis 12.00 Uhr). Auf der einzigen Warft lebt während des Sommers das Ehepaar Erichsen; als Nationalparkwarte sorgen sie für den Natur- und Vogelschutz auf der Hallig, die seit 1959 unter Naturschutz steht.
1987 wurde der neue Deich durch die ehemalige Nordstrander Bucht geschlossen. Diese Maßnahme des Küstenschutzes schuf den 3350 ha großen **Beltringharder Koog,** der als Ausgleich

Auf dem Weg zur Hallig Südfall

Arthur Kreutzfeld in der 1888/1889 erbauten **Engel-Mühle** (Mo. Ruhetag; Süderhafen 15, Tel. 04842/214, www.engel-muehle.de).

EINKAUFEN Vorbild der traditionellen Gebrauchskeramik der **Nordstrander Töpferei** im typischen Grau-Blau sind die Funde aus dem Watt, die über längst vergangene Zeiten und deren Kultur erzählen (Süden 44, Tel. 04842/400, www.nordstrander-toepferei.de). Nach dem Besuch der Töpferei lädt die angeschlossene **Nordstrander Teestuv** zu einer geruhsamen Teestunde mit Earl Grey oder Orange Pekoe und die Galerie **Lat di Tied** zum Besuch des kleinen Keramikmuseums.

der massiven Eingriffe in die Wattenmeernatur zum größten Naturschutzgebiet des schleswig-holsteinischen Festlands erklärt wurde und sich zum einem vom Menschen unbeeinflussten Rückzugsgebiet für hier rastende und brütende Wat- und Wasservögel entwickelt hat. Auf einem interessanten Fuß- und Radweg – wegen seiner Länge besonders für Radler geeignet – kann man das Gebiet umrunden, unterbrochen von etlichen Aussichts- und Informationspunkten.

INFORMATION

Kurverwaltung, Schulweg 4, 25845 Nordstrand
Tel. 04842/454, Fax 04842/90 09 90
www.nordstrand.de

Nicht versäumen!

Klänge für die Welt
Der Klang der Arp-Schnitger-Orgel der „Alten Kirche" St. Salvator ist weltberühmt. Jeden Sommer lädt Pellworm namhafte Musiker aus dem In- und Ausland zu Gastkonzerten – ein Genuss für jeden Musikfreund.

❿ **TOPZIEL**   Siehe Nr. **01**

Wächter über die Schifffahrt
Weißer Ring auf rotem Grund – stolz ragt der Pellwormer Leuchtturm am Südstrand in den Himmel. Oben angekommen, kann man nicht nur einen herrlichen Blick über das Wattenmeer genießen, sondern auch heiraten.

Siehe Nr. **01**

Bei den echten Pharisäern
Auf Nordstrand wurde einst das legendäre Nationalgetränk der Nordfriesen erfunden: der „Pharisäer". Bis heute wird er im „Pharisäerhof" nach altem Rezept zelebriert – mit mindestens 4 cl Rum.

Siehe Nr. **02**

Versunkene Welten
„Heute bin ich über Rungholt gefahren …" Liliencrons bekanntes Gedicht ist leicht nachzuvollziehen. Zu Fuß – oder noch eindrucksvoller mit Pferd und Wagen – geht es hinüber zur Hallig Südfall, in deren Nähe der sagenhafte Ort wohl lag.

❿ **TOPZIEL**   Siehe Nr. **02**

Rund ums Vogelparadies
Besonders interessant ist der Beltringharder Koog für Vogelfreunde. Doch auch wer nur ein eindringliches Naturerlebnis sucht, ist hier richtig – und das zu Fuß, per Rad oder auch auf Inlineskatern.

Siehe Nr. **02**

In einer anderen Welt

Heißt es „Landunter", schaffen es die Halligen manchmal sogar in die Nachrichten. Auch wenn hier Telefon, Fernsehen und Internet mittlerweile genauso selbstverständlich sind wie auf dem Festland: Meist ist es auf den verbliebenen zehn deutschen Eilanden ziemlich ruhig. Das macht sie auch für Urlauber zu einer Besonderheit, selbst wenn kein Sturm das Wasser bis an die Warften peitscht.

Ein Hauch von Idylle auf der Hallig Langeneß

01

02

03

04

> „Nirgendwo sonst auf der Erde
> führen Menschen ein derart
> amphibisches Dasein wie auf den
> weltweit einzigartigen
> Halligen Nordfrieslands.“

Jürgen Diedrichsen, Hallig Hooge

Für Theodor Storm waren sie 1871 „schwimmende Träume“: die Halligen. Malerisch heben sich ihre Gras bewachsenen Hügel – die Warften – aus der Weite des Meeres. Bei Sturmflut sicherten diese künstlichen Hügel, ursprünglich mühsam aus Kleiboden aufgeschüttet und regelmäßig erhöht, das Überleben. Einst gab es mehr als 100 dieser kleinen Eilande im Wattenmeer. Im Gegensatz zu den Nordseeinseln entstanden sie nicht aus einem eiszeitlichen Geestkern, sondern erst nach den beiden „Groten Mandränken“ von 1362 und 1634 aus aufgehäuftem Schlick. Das macht sie auf der ganzen Welt so einzigartig.

Doch was das Meer gegeben hat, nimmt es auch wieder: 1825 zerstörte die „Halligflut“ 90 Prozent aller Warften auf den Halligen; 1890 verschwand die Beenshallig südlich von Gröde. Erst im frühen 20. Jahrhundert wurde die Bedeutung der Halligen als Wellenbrecher für die Festlandsmarschen erkannt. Seitdem umgibt jede Hallig ein „Igel“, ein Steinwall, der die Hallig vor dem Zugriff des Meeres schützen soll. Daher verändern die Halligen heute kaum noch ihre Größe. Nur fünf dieser Mini-Eilande sind ständig bewohnt: Hooge, Langeneß, Oland, Gröde-Appelland und Nordstrandischmoor. Norderoog, Süderoog und Südfall sind dagegen meist men-

schenleer und lassen sich nur auf betreuten Führungen entdecken. Die Hamburger Hallig ist über einen Damm mit dem Festland verbunden und ein beliebtes Ausflugsziel. Hallig Habel darf als Vogelschutzgebiet nicht betreten werden.

Ditten, Fethinge und tiefe Sooten

Wie hart, entbehrungsreich und gefahrvoll das Leben der Halligbewohner war, zeigt das Kapitän-Tadsen-Museum auf Langeneß, das in einem der wenigen erhaltenen Häuser aus dem 18. Jahrhundert beheimatet ist. Bis Mitte des 20. Jahrhunderts hatten die Halligbewohner weder Strom noch fließend Wasser. Da es auf den Inseln kein Holz gab, wurde zum Heizen und Kochen Kuhdung getrocknet und in brikettgroße „Ditten“ geschnitten. Zum Trinken wurde Regenwasser gesammelt. Ein tief gegrabener Teich im Zentrum der Warft, Fething genannt, diente als Viehtränke. Für die Menschen wurde der Niederschlag in „Sooten“ gesammelt, Brunnen, die mit Grassoden ausgelegt waren. Erst als die Sturmflut von 1962 sämtliche Süßwasservorräte vernichtet hatte, legte man Wasserleitungen zum Festland. Und die zerstörten Häuser wurden durch neue Bauten ersetzt, die nun ein zentrales, tief in der Warft verankertes Betongerüst und einen Schutzraum im Dachgeschoss haben.

01 *In dem kleinen Hafen von Hooge gibt es auch einen Steg für Freizeitkapitäne*
02 *Mitten auf den Hooger Hanswarft liegt noch der alte Fething*

03 *Sommergast auf Hallig Hooge*
04 *Holländische Kacheln und gusseiserne Öfen waren Zeichen des Wohlstands: Königspesel auf Hooges Hanswarft*

01

02

03

04

Wenn die See kommt

Mehrmals im Jahr werden die Halligen vollständig überflutet, „laufen blank". Bei diesem „Landunter", das den Oländer Heimatdichter Wilhelm Lobsien zu seinem populären gleichnamigen Roman inspirierte, ragen nur noch die Warften aus den Fluten.

Fast alle Halligen haben heute rund um die auf 5,5 Meter erhöhten Warften Sommer- und Ringdeiche. So konnte die Zahl der Überflutungen auf Hooge beispielsweise auf zwei bis drei Überflutungen pro Jahr gesenkt werden. Doch die großen Eindeichungsprojekte vor den Festlandmarschen wie der Belt- ringharderkoog haben für höher auflaufende Sturmfluten auf den Halligen gesorgt. Landunter hat aber auch seine guten Seiten, denn bei jeder Überflutung werden neue Sedimente auf dem Halligboden abgelagert. Die Hallig wächst dadurch weiter in die Höhe – und der Boden erhält neue Nährstoffe, die für den Erhalt der ursprünglichen Vegetation wichtig sind: den der Salzwiesen. Längst ist Landunter auch ein touristisches Ereignis. Mit zwei Web-Cams können Halligfreunde auf dem Portal www.halligen.de Halligleben und ein Landunter erleben – ohne nasse Füße zu bekommen.

Ernährt wurde sich von dem, was die Natur ringsum hergab. Die Halligbewohner sammelten Wildpflanzen und Vogeleier und züchteten Vieh auf der Allmende. Denn das Land war Gemeineigentum und wurde alljährlich neu aufgeteilt. Privatland gab es für die Halligbewohner erst in den 1930er-Jahren, als die Größe der Halligen nach Ausbau der Befestigungen nicht mehr abnahm. Einzig auf Gröde blieb die traditionelle Landnutzung bis heute erhalten.

Während die überwiegende Zahl der Halligbauern durch den ständigen Landverlust zunehmend verarmten und viele Fischer unter dem Ausbleiben der großen Fischschwärme litten, gelangten im 17. und 18. Jahrhundert einige wenige Halligbewohner beim Walfang und in der Handelsschifffahrt zu beträchtlichem Wohlstand. Zeugnisse wie der Königspesel auf Hooge, ein reich geschmückter Raum für besondere Anlässe, berichten von diesen Zeiten.

Eine lohnende Investition

Heute sorgt der Tourismus für gutes Einkommen. Ausschließlich von der Landwirtschaft lebt kein Halligbauer mehr. Die extensive Weidewirtschaft mit Tieren vom Festland, die in der „Sommerfrische" auf

01 *Die Halligen scheinen geradezu über dem Wasser zu schweben*
02 *Der Westteil der Hallig Langeneß – am Horizont rechts der Kniepsand von Amrum*
03 *In der kleinen Kirche von Langeneß …*
04 *… und beim Halligkaufmann Petersen*

06

den Halligen grasen, wird nur noch von wenigen betrieben – fast jeder Halligbewohner hat ein Zweiteinkommen im Natur- und Küstenschutz.

In der Halligwelt liegen auch die Wurzeln der Schutzstation Wattenmeer. Die größte gemeinnützige Naturschutzorganisation an der nordfriesischen Küste wurde 1972 im Biggerhus auf der Hooger Hanswarft gegründet. Erhalt und Förderung des lokalen Kulturerbes ist das Ziel der 1990 gegründeten Stiftung Nordfriesische Halligen. Denn im Wettstreit zwischen Tourismus, Natur- und Küstenschutz ist in den letzten Jahrzehnten bereits viel von der Einzigartigkeit der Halligwelt mit ihren

ständig wechselnden, weichen Übergängen zwischen Marsch und Watt, ihrem Kulturerbe und ihren traditionellen Kulturtechniken verloren gegangen. Erst jüngst verschwand auf Hooge ein „Scheetels", eines der letzten Frischwassersammelsysteme, durch die Vergrößerung einer Warft.

Es wurde viel investiert in den Erhalt dieser einzigartigen Welt – es bliebe allerdings auch noch viel zu tun, damit das besondere Leben – und damit auch der besondere Urlaub – auf diesen Landtupfern in der Nordsee erhalten bleibt.

01 *Fröhliche Überfahrt nach Oland ...*
02 *... mit Postschiffer Fiede Nissen*
03 *Hier spricht man Friesisch: Willkommen auf Oland*

04 *Einfacher geht es kaum: Lorenfahrt nach Nordstrandischmoor*
05 *Olands kleiner Hafen mit der Warft dahinter*
06 *Watterlebnis zu Fuß und per Wagen*

„Schwimmende Träume"

Zehn kleine Eilande, die von der Nordsee um- und manchmal auch überspült werden: Die nordfriesischen Halligen beruhigen als Wellenbrecher die See, stabilisieren die Wattflächen – und sind einzigartige Oasen im Alltagstrubel, „schwimmende Träume" eben, wie sie Theodor Storm einst nannte. Hier gibt es genug Gelegenheiten, sich zu erholen, die Seele baumeln zu lassen, Raum, Zeit und Natur ganz neu zu erleben.

01 HOOGE

Die „hohe Hallig" ist mit 5,6 km² die zweitgrößte und am stärksten touristisch geprägte Hallig. Die „Königin die Halligen" ist die am „dichtesten" besiedelte: 111 Menschen leben hier auf neun Warften mitten im Wattenmeer, eine Warft ist unbewohnt.

SEHENSWERT Das Zentrum von Hooge bildet die **Hanswarft.** Hier vermittelt der ● **TOP-ZIEL Königspesel**, eine Friesenstube aus dem 18. Jh. mit alten Möbeln, Gemälden und Fayencen, einen Eindruck von der Wohnkultur begüterter Seefahrer. Den Namen erhielt er 1825 durch einen Besuch des dänischen Königs Friedrich VI. Er hatte Hooge nach schwerer Sturmflut besucht, um sich ein Bild von den Schäden zu machen. Als „Landunter" eine Weiterreise verhinderte, übernachtete er in dem 1776 erbauten Haus (Hanswarft 11, Tel. 04849/219, www.koenigspesel.de; April–Okt. 10.00–17.00 Uhr, sonst n. Vereinb.). Wie ein „Landunter" aussieht, zeigt ein Kurzfilm im **Sturmflutkino** (Hanswarft, Tel. 04849/271, www. sturmflutkino.de; Saison alle 20 Min.). Im **Uns Hallig Hus** wird die Welt der Halligen mit Hilfe einer Diashow vorgestellt.

Auf der **Kirchwarft** steht die 1636/1637 erbaute **Halligkirche St. Johannis** (Di.–So.). Ihre blauen Sitzbänke stehen auf Sand – nach einer Sturmflut konnte eventuell eindringendes Wasser so wieder schnell ablaufen. Neben der Renaissancekanzel (1743) zeigt eine kleine Tür, die ein Grönlandfahrer auf See geschnitzt hat, eine Walmutter und ihr Junges. Ungewöhnlich wirken die Grabsteine des Friedhofs: Sie sind vorn und hinten beschriftet – die Verstorbenen müssen sich aus Platzgründen Grab und Grabstein teilen.

Der **NaturErlebnisraum** mit 15 Stationen lädt ein, das besondere Leben auf der Hallig kennenzulernen. Zwischen Fähranleger und Watt am Deckwerk vermitteln sie Infos zur Geschichte der Hallig, ihrer Flora und Fauna und ihrer Bedrohung durch Sturmfluten. An jeder Station hält als typischer Halligvogel ein Austernfischer eine Quizfrage bereit – deren Antwort oftmals überraschend ist.

MUSEUM Einblicke in das Halligleben gibt das **Heimat- und Halligmuseum** mit Funden

Zwei PS oder Drahtesel: Rushhour auf Hooge

von untergegangenen Warften, einer Friesenstube und Exponaten aus dem Alltag (Hanswarft, Tel. 04849/207; April–Okt. 10.00–17.00 Uhr, sonst n. Vereinb.). Wattwerkstatt und Gezeitenaquarium gehören zu den Höhepunkten des **Erlebniszentrums Meer & Watt** der Schutzstation Wattenmeer im Biggerhus (Hanswarft 2, Tel. 04849/229, www.schutzstation-wattenmeer.de; April–Okt. 11.00 bis 16.00 Uhr, sonst n. Vereinb.).

AKTIVITÄTEN Geführte Wattwanderungen zum Japsand oder zur Vogelhallig Norderoog (Termine: Veranstaltungsübersicht „Hooger Flaschenpost"); mehrere Badestellen mit Duschen und Toilettenwagen; Fahrradverleih am Anleger, auf der Backenswarft und bei den Vermietern; Kutschfahrten (Fähranleger) zum Königspesel oder über die gesamte Insel.

RESTAURANT Älteste Gaststube der Hallig ist der **Friesenpesel** mit „guter Stube" (Pesel) von 1746 und alten holländischen Kacheln (Backenswarft, Tel. 04849/250, www.friesenpesel. de). Ein gemütliches Café mit sehr gutem hausgemachten Kuchen etwas abseits der Touristenströme ist **Der blaue Pesel** (Backenswarft, Tel. 04849/231, www.blauerpesel.de).

VERANSTALTUNGEN Vom **Biikebrennen** (21. 2.), über **Sommerfest** (Juli) und **Schleusenfest** (Aug.) bis zum **Hooger Trachtensommer** (Sept. in geraden Jahren), Halliggästen wird einiges geboten. Theater bringt die **Hooger Speeldeel** auf die Bühne (Uns Hallig Hus, www.hoogerspeeldeel.de; Mitte April–Mitte Okt. Mi. 20.15 Uhr).

EINKAUFEN Für Lebensmittel und Dinge des täglichen Bedarfs gibt es den **Halligkaufmann** (Hanswarft 10, www.halligkaufmann.de; Lieferservice). Köstlichen **Halligkäse** aus eigener Käserei bietet der Halligbauernhof an (Hanswarft, www. halligbauernhof.de), **Hallighonig** und **Biowurst** der Hofladen des Binge-Hofs (Mitteltritt, www. bingehof.de).

ANREISE Die W.D.R. betreibt eine **Autofähre** ab Schlüttsiel (Wyker Dampfschiffs-Reederei Föhr-Amrum GmbH, Am Fähranleger 1, 25938 Wyk auf Föhr, Buchungs-Tel. 01805/080140 14 ct/Min.). Die **Personenfähre Adler Express** verbindet Hooge von März bis Okt. mehrmals tgl. mit Sylt, Amrum und Nordstrand (Adler-Schiffe GmbH & Co. KG, Hörnstraße 3, 25845 Nordstrand, Tel. 04842/ 9 00 00, www.adler-schiffe.de).

INFORMATION

Touristikbüro & Zentrale Zimmervermittlung
Hanswarft 1, 25859 Hallig Hooge, Tel. 04849/91 00
Fax 04849/201, www.hooge.de

Im „Friesenpesel" auf Hallig Hooge

02 LANGENESS

Aus drei Inseln zusammengewachsen ist die 10 km lange und 1 km breite „lange Nase" Langeneß die mit 9,6 km² größte Hallig. Auf ihren 18, weit verstreut liegenden Warften leben rund 127 Menschen von der Landwirtschaft und dem Tourismus.

SEHENSWERT Die **Bockwindmühle** auf der **Ketelswarft** ist ein Nachbau, das Original steht seit 1953 im Wyker Museum. In der Mühle konnten bei gutem Wind bis zu fünf Zentner Korn verarbeitet werden – meist wurde Gerste für die Grütze geschrotet, aber auch Roggen für Brot gemahlen. Das Getreide mussten die Halligbewohner vorab auf dem Festland oder auf Föhr kaufen. Die **Kirche** auf der **Kirchwarft** wurde 1894 erbaut, sie diente bis 1975 auch als Schulraum. Im Innern zeigen Deckengemälde (1731) Szenen aus dem Alten und Neuen Testament. Ganz im Westen von Langeneß erhebt sich seit 1902 auf der alten Peterswarft der 11,5 m hohe **Leuchtturm** Nordmarsch.

MUSEUM Aufwändige Decken- und Wandmalereien, mehr als 1600 holländische Fliesen mit Motiven aus dem Alten Testament sowie ein Fliesentableau mit Segelschiff gehören zu den Schätzen des **Kapitän Tadsen Museums.** Tade Volkerts, Kapitän in holländischen Diensten, hatte das Haus mit dem halligtypischen Schweifgiebel 1741 auf der **Ketelswarft** erbauen lassen (Tel. 04684/217; Osterferien–Okt., Führungen Mo.–Sa. 13.30 und 15.30 Uhr). Die **Friesenstube** auf der **Honkenswarft** ist ein typisch friesischer Wohnraum mit blauen Wandfliesen und Wandbett (Tel. 04684/235; Di. und Do. 10.30–12.00 Uhr). Im benachbarten reetgedeckten **Käthe-Gertsen-Haus** (1725) erinnern Ausstellungen an die Salztorfgewinnung und an den Langeneßer Kapitän Boye Petersen, der 1902 das Kommando auf dem Fünfmast-Vollschiff „Preußen" übernahm, seinerzeit schnellstes Schiff der Welt (Tel. 4684/217; Führung Ostern–Okt. 11.00 Uhr). Die **Nationalpark-Ausstellung** auf der **Peterswarft** informiert über das Vogelleben auf den Salzwiesen im Osten der Hallig (Sommer tgl. 12.00–15.00 Uhr). Auf der **Rixwarft** widmet sich der Inforaum der **Schutzstation Wattenmeer** dem Thema „Mensch und Natur in der Biosphäre".

AKTIVITÄTEN Ausflugsfahrten mit Kapitän Uwe Petersen und seiner „Rungholt" führen zu den **Seehundsbänken** (Tel. 04667/367, www.halligmeerfahrten.de), naturkundliche **Wanderungen** zur Nachbarhallig Oland, **Wattwanderungen** nach Dagebüll zum Festland. **Fahrradverleih** bei Gerhard Karau (Rixwarft, Tel. 04684/952060).

ANREISE Die W.D.R. betreibt eine **Autofähre** ab Schlüttsiel (Wyker Dampfschiffs-Reederei Föhr-Amrum GmbH, Am Fähranleger 1, 25938 Wyk auf Föhr, Buchungs-Tel. 01805/080140 14 ct/ Min.).

INFORMATION
Tourismusbüro der Halligen Langeneß und Oland
Ketelswarft 3, 25863 Hallig Langeneß
Tel. 04684/217, Fax 04684/289, www.langeness.de

03 OLAND

Oland ist die älteste Hallig im Wattenmeer und besitzt nur eine einzige Warft. Kirche, Mini-Schule und die 15 Wohnhäuser der 23 Einw. liegen hier um den Fething. Das künstliche Wasserbecken, in dem Schnee und Regenwasser gesammelt wurden, diente als Viehtränke. Seit 1925 Jahren verbinden Lorengleise das nur 1 km² große, autofreie Eiland mit Langeneß und Dagebüll auf dem Festland.

Tipp

Drehkreuz des Vogelzugs

Mehr als 20 000 Ringelgänse rasten im Frühjahr auf den Halligen Hooge und Langeneß. Die nordfriesischen Halligen bieten den Ringelgänsen zehn Wochen lang Nahrung und Ruhe, bevor sie zu ihren sibirischen Brutplätze weiterfliegen. Während der „Ringelganstage" im April können Urlauber und Tagesgäste das einmalige Naturschauspiel miterleben und auf Führungen mit Hooger und auswärtigen Vogelkundlern die Besonderheiten des arktischen Vogelzugs kennenlernen.

Nordsee-Tourismus-Service GmbH,
Postfach 1611, 25806 Husum
Info-Tel. 01805/06 60 77 (0,14 €/Min),
www.nordseetourismus.de und
www.ringelganstage.de

SEHENSWERT Die Inneneinrichtung der kleinen reetgedeckten **Kirche** (1824) stammt zum Teil von Vorgängerbauten, die durch Sturmfluten zerstört wurden. Aus der Zeit um 1200 stammen Taufe und Kruzifix, die aus Eiche geschnitzten Apostelfiguren entstanden im 15. Jh., die geschnitzte Eichenkanzel mit ihren Malereien 1620. Der **Leuchtturm** (1929) von Oland wirkt eher wie eine große Laterne, ist mit 7,45 m Höhe Deutschlands kleinster – und als einziger reetgedeckt.

RESTAURANT Einziges Gasthaus ist die **Halligstube Kiek In** (Tel. 04667/390), die im Sommer zu Grillabenden lädt.

ANREISE Unregelmäßige Fahrten mit der „Rungholt" ab Schlüttsiel (Kapitän Uwe Petersen, Tel. 04674/14 63, www.halligmeerfahrten.de); viele Vermieter holen die Gäste auch zünftig per Lore in Dagebüll ab.

INFORMATION
Tourismusbüro der Halligen Langeneß und Oland
Ketelswarft 3, 25863 Hallig Langeneß
Tel. 04684/217, Fax 04684/289, www.langeness.de

04 GRÖDE-APPELLAND

Bis zu 50 Mal pro Jahr heißt es auf Gröde „Landunter" – dann ist das nur 277 ha große Eiland, vor 100 Jahren durch Zusammenwachsen der Halligen Gröde und Appelland entstanden, noch abgeschiedener als sonst. Umso intensiver lässt sich in der mit 17 Einw. kleinsten Gemeinde Deutschlands die Natur erleben – von der Rast der Ringelgänse im Frühjahr, dem lila leuchtenden Halligflieder im Sommer bis zu den Stürmen im Herbst und Winter.

SEHENSWERT Auf Gröde sind alle Häuser reetgedeckt – sie gilt daher als die typischste Hallig. Die **Kirche St. Margarethen** auf der Kirchwarft, vermutlich siebte an diesem Standort, wurde 1779 gebaut. Eindrucksvoll ist der Renaissance-Altar (1592), der die Lebensgeschichte Jesu darstellt. Zum Gottesdienst kommt – je nach Wetterlange – alle vier bis fünf Wochen der Pastor aus Langeneß.

ANREISE Bei Hochwasser unregelmäßige Fahrten mit der „Rungholt" ab Schlüttsiel (Kapitän Uwe Petersen, Tel. 04674/14 63, www.halligmeerfahrten.de). Von dort aus ist die Hallig auch auf einer Wattwanderung zu erreichen.

INFORMATION
Auskunft und Zimmervermittlung
bei Claudia Mommsen, Tel. 04674/302, und
Sabine Gessing, Tel. 04674/14 48, www.groede.de

In der Friesenstube auf der Langeneßer Honkenswarft

05 HAMBURGER HALLIG

Die Hamburger Hallig, die heute als Halbinsel vor dem Sönke-Nissen-Koog ins Wattenmeer ragt, ist seit 1859 über einen 3 km langen Plattenweg mit dem Festland verbunden. 2002 folgte der Stromanschluss. Ihren Namen erhielt die Hallig von den einstigen Eigentümern, den Kaufleuten Rudolf und Arnold Amsinck aus Hamburg.

SEHENSWERT Hinter dem Vogelwärterhaus informiert ein Lehrpfad über das artenreiche **Vogelleben** des 550 ha großen Vorlandes, das nicht betreten werden darf. Auf seinen Salzwiesen brüten und rasten Rotschenkel, Austernfischer, Säbelschnäbler, Großer Brachvogel – und während des Vogelzugs bis zu 30 000 Weißwangengänse.

RESTAURANT Von Juni bis Aug. lädt der **Hallig-Krog** Fr. 19.00 Uhr zum Lamm-Grillen (Tel. 04671/94 27 88, www.hallig-krog.de).

ANFAHRT Einspuriger Damm, für Radfahrer und Fußgänger kostenlos, für Autos mautpflichtig.

06 NORDSTRANDISCH- MOOR

Die auch „Lüttmoor" genannte Hallig entstand in der verheerenden Sturmnacht 1634.

Heute 170 ha groß, wohnen hier noch 18 Menschen. Seit den 1930er-Jahren gibt es den von einer Motorlore befahrenen Damm zum Festland. Die Fahrt im offenen Wagen beginnt in Lüttmoorsiel. Eine Besonderheit „Lüttmoors" birgt der Friedhof: Hier liegen alle Grabsteine flach auf der Erde, um nicht von den Fluten umgerissen zu werden. Anziehungspunkt für über den Damm wandernde oder mit Ausflugsschiffen von Strucklahnungshörn kommende Tagesgäste ist der **Halligkrog** auf der Neuwarft von Familie Glienke. Ihre Scheune ist auch Kinosaal: Zwischen Exponaten aus der Historie zeigt ein Kurzfilm Sturmflutgewalten (Tel. 04842/486).

Tipp

Paddeltouren durchs Watt

Gröde, Oland, Langeneß und Föhr sind von April bis Okt. Ziele von Ein- und Mehrtagesfahrten, bei der sich das Wattenmeer einmal ganz anders erleben lässt: beim Paddeln im Seekajak. Romantisch ist die vier- bis fünfstündige Abendfahrt zur Hallig Oland. Alle Touren werden von erfahrenen Seekajakern geführt, übernachtet wird im Zelt.

Seekajak-Faszination, Frauke Rörden-Prang, 25899 Niebüll, Tel. 04661/49 90, www.seekajak-faszination.de

Nicht versäumen!

KULTUR

Wo der König schlief
Der Pesel der Witwe Stienke Hansen auf der Hooger Hanswarft wurde 1825 zum königlichen Schlafgemach: Hier übernachtete der dänische König Friedrich VI. im Wandbett, als ein „Landunter" ihn auf der Hallig festhielt.

⊙ **TOPZIEL**　　　　　Siehe Nr. **01**

KULTUR

Mit Delfter Kachelkunst
Wie wohlhabende Halligbewohner vor rund 200 Jahren gelebt haben, verrät das Kapitän-Tadsen-Museum auf der Ketelswarft von Langeneß. Wunderschön ist die Wohnstube mit Wandmalereien und einem imposanten Kacheltableau.

　　　　　　　　　　Siehe Nr. **02**

ERLEBEN

Aesuch bei den Heulern
Dicht an die Ruheplätze der sympathischen Meeresbewohner führt Kapitän Uwe Petersen bei Seehundfahrten. Meist wirft er dabei auch sein Netz aus und zeigt Schollen, Seesterne, Krabben, Einsiedlerkrebse, Schnecken und Muscheln.

　　　　　　　　　　Siehe Nr. **02**

NATUR

Watt für eine Hallig!
In Schlüttsiel beginnen die geführten, 16 km langen Wattwanderungen zur Hallig Gröde. Eindrucksvoll ist es im Frühsommer, wenn der Halligflieder das Eiland in ein lilafarbenes Blütenmeer verwandelt.

　　　　　　　　　　Siehe Nr. **04**

ERLEBEN

Auf zur Vogelschau
Im Frühjahr und Spätsommer, wenn die Zugvögel sich für ihre langen Reisen stärken, wird die Halligwelt zum vogelreichsten Gebiet Europas. Knutts, Eiderenten, Austernfischer, Ringel- und Nonnengänse sind dann hier zu beobachten.

　　　　　　　　　　Siehe **Tipp**

EINE INSELWELT
für Genießer

Ein schnelles Krabbenbrötchen auf die
Hand oder ein köstlicher Lammbraten
mit allem Drum und Dran – die Nordfriesischen Inseln haben ein breites
kulinarisches Angebot. Und auch an
Getränken fehlt es nicht – und den
passenden Döntjes dazu.

GROSSER WIRBEL
um eine kleine Garnele

Ob im Salat, auf dem Frühstücks-
brötchen, mit Rührei und Schwarz-
brot oder einfach aus der Tüte fangfrisch
direkt vom Kutter: Nordsee-Krabben sind
köstlich!

Wer beim Wattwandern im Sommer einmal etwas genauer die flachen Pfützen
studiert, wird sie rasch erkennen: winzige,
fast durchsichtige Garnelen, die am Boden
umherhuschen. Bei Gefahr vergraben sich
die nur wenige Millimeter großen Winz-
linge blitzschnell im Sand. Sobald sie jedoch drei Zentimeter lang sind, verlassen
die jungen Garnelen ihre Kinderstube –
und beginnen ihre lebenslange Wanderung
im Rhythmus der Gezeiten. Bei Flut
schwimmen sie auf die Wattflächen, bei
Ebbe wieder zurück in die sicheren Priele.
Sinken die Temperaturen im Herbst, flüchten die Krabben aus dem Wattenmeer ins
Tiefwasser. Wie ein Chamäleon kann sich
die Krabbe der Farbe des Untergrunds an-
passen, indem sich Farbpunkte in ihrer
Haut ausdehnen oder zusammenziehen.
Als Dämmerungstier verbringt sie den Tag
meist eingegraben im Watt, nur ihre
kleinen Stielaugen schauen noch heraus.
Ihre Beute ortet sie mit einem Atemwasser-
strahl: Algen, Fischeier, kleine Würmer
und Muscheln, jedoch auch Aas – und
sogar Artgenossen nach der Häutung. Sie
selbst wird von Vögeln, Fischen, anderen
Krebsen und Seehunden verzehrt – und ist
daher ein zentrales Glied der Nahrungs-
kette des Wattenmeers.

Wie die Auster wechselt auch die Krabbe
im Verlauf ihres Lebens ihr Geschlecht: Als
Jungtier ist sie männlich, im zweiten oder
dritten Jahr wird sie ein Weibchen. Drei
Mal pro Jahr kann sie sich paaren – im
Frühjahr, Sommer und Winter. Je älter und
größer sie wird, desto mehr Eier produ-
ziert sie dabei. Bis zu 25 000 kleine, weiß-
lich-klare Kugeln, die man manchmal beim
Krabbenpulen noch entdecken kann, kann
eine Krabbe unter ihrem Bauch tragen.

Am Kopf besitzt die Krabbe kleine, aber
spürbar scharfe Scheren – wer im Priel zu
lange auf einer Stelle verharrt, hat sicherlich schon einmal erlebt, wie schmerzhaft
der Zugriff der Krabben an den Füßen sein
kann …

Nicht seit jeher Delikatesse

Auch Porre, Granat oder Sandgarnele genannt, wurde die Nordseekrabbe erstmals
in der 1624 herausgegebenen Schrift von
Stephanus von Schonevelde über die
Fischarten an der Küste erwähnt – als

GRAU WIE DAS WATT: LEBENDE KRABBEN

Viehfutter zur Schweine- und Entenmast.
In England hingegen gehörte „Crangon
crangon", so der lateinische Name, neben
Austern schon 1799 zu den „Naschereyen
der Londoner", wie ein zeitgenössische
Quelle belegt: „Man sieht viele Leute ein

Maaß Krabben in ihr Taschentuch nehmen,
und so auf der Straße daran knorpeln,
gerade so wie die jungen Leute Obst
naschen." Erst 100 Jahre später konnten
sich auch die Inselfriesen für den Genuss
der rotbräunlichen, abgekochten Kleingar-
nelen begeistern.

Zunächst wurden die Krabben bei ablau-
fender Flut mit Hilfe von Keschern aus den
Prielen im Watt gefischt – auf Pellworm
wurden diese Schiebenetze Puk, auf den
anderen nordfriesischen Inseln Gliep genannt. Stundenlang wateten die Frauen
mit geschürzten Röcken barfuß so im hüft-
hohen, kalten Wasser, bis der Weidenkorb
am Ufer gefüllt war. Die Ausbeute war ausschließlich für den Eigenbedarf gedacht –
die gewerbsmäßige Krabbenfischerei begann erst Ende des 19. Jahrhunderts im
Zuge der Industrialisierung und nach dem
Ausbau der Eisenbahn, mit der die rasch
wachsenden Städte als neue Märkte er-
schlossen wurden.

Unverändert viel Handarbeit

Krabbenkutter mit weit ausholenden Fang-
geschirren und mächtigen trichterförmigen
Netzen, umkreist von einem Schwarm
hungriger Möwen, gehören bis heute zum
typischen Anblick im Wattenmeer. Ihre
Netze lieferte bald ein Jahrhundert lang
die 1873 von Itzehoer Familien gegründete
Mechanische Netzfabrik und Weberei,

BEIM EINHOLEN DES DREIECKIGEN KRABBENNETZES

lange Zeit größte Europas. Wurden die Krabben anfangs an Bord nur gesiebt und roh an Land gebracht, werden sie heute bereits auf See gekocht. Bei aller technischen Entwicklung: Das aufwendige Krabbenpulen blieb bis heute Handarbeit. Vier bis fünf Kilo schaffen geübte Finger in der Stunde – bis in die 1960er-Jahren bescherte diese Heimarbeit nordfriesischen Hausfrauen einen guten Zuverdienst. Maschinen, die die mühselige Arbeit abnehmen, sind bis heute kaum im Einsatz – ihre Anschaffungskosten sind zu hoch, ihre Präzision zu gering und ihre Auslastung zu niedrig, da im Winter kaum Krabben gefangen werden. Schon früh wurde daher begonnen, die Nordseekrabben zum Pulen in Billiglohnländer zu exportieren – früher in den Ostblock, heute nach Nordafrika. In riesigen klimatisierten Hallen holen weiß vermummte Marokkanerinnen für wenig Geld die Krabbe aus der Schale. Haltbar gemacht mit Konservierungsmitteln geht es zurück – nicht nach Norddeutschland, sondern in die Niederlande: Dort residieren die beiden einzigen verbliebenen

Großhandelsunternehmen für Garnelen, Goldfish aus Volendam und Heiploeg in Zoutkamp. Letzteres hat den nordfriesischen Krabbenmarkt fest in der Hand – und bestimmt auch die Preise.

Verwertet werden längst nicht nur die Tiere, sondern auch ihre Schalen. Sie bestehen aus Chitin, chemisch gesehen eine Verbindung aus Zucker- und Stickstoff-

molekülen, wirtschaftlich ein Rohstoff der Zukunft. Chitin kann als Ersatz für die immer knapper werdende Zellulose verwendet werden, Schwermetalle aus dem Boden ziehen, Bakterien und Viren sterilisieren, Saatgut konservieren und die Zersetzung von Kompost beschleunigen. Und auch Mediziner sehen in Chitin eine Wunderwaffe.

SCHLICHT UND DENNOCH EIN KLASSIKER: KRABBEN MIT PELLKARTOFFELN

Invasion im Wattenmeer

Vor rund 100 Jahren gab es vor Rømø, Sylt, Amrum und Föhr noch 50 natürliche Austernbänke. Als ihre Bestände abgeerntet waren, wurde in den 1960er-Jahren durch die Zucht der Pazifischen Felsenauster in Aquakulturen das Geschäft mit dem geschätzten Schalentier wieder angekurbelt.

Einige Austernlarven entkamen dabei den niederländischen Zuchtstationen. Was niemand für möglich hielt: Die Auster aus der Retorte überlebte im Meer – und breitete sich rasant aus. Gab es 2003 erst 40 000 nordpazifische Felsenaustern in der Nordsee, sind es heute mehr als 13 Millionen. Längst wandern inzwischen Insulaner und Inselgäste mit Eimern im Watt an der Wittdüner Südspitze beispielsweise umher, um Crassastrea giges für eine Mahlzeit einzusammeln. Meeresbiologen und Naturschützer beobachten die Ausbreitung des asiatischen Einwanderers mit Sorge, raubt die Auster aus Fernost der einheimischen Miesmuschel doch zunehmend Lebensraum. Anders als ihre Artgenossen bildet diese Auster dabei Kolonien aus großen, fast betonharten Klumpen – ein Grund, warum die Freiwasseraustern nicht zu verkaufen sind. Zur Erhalt der traditionellen Artenvielfalt im nordfriesischen Wattenmeer hoffen Forscher auf die Hilfe der Natur: Ein strenger Winter könnte die Bestände des Eindringlings zerstören.

Ein Job mit Zukunftsangst

25 000 Tonnen Krabben werden jährlich aus den Fluten gezogen, 10 000 Tonnen allein in Nordfriesland. Dennoch plagen die Krabbenfischer Zukunftsängste. Zwar macht die kleine Zehnfußkrabbe noch ein Drittel der gesamten deutschen Fischfänge aus, doch auch hier hat ein ruinöser Verfall der Erzeugerpreise eingesetzt – und das bei steigenden Betriebskosten.

Auch den auf Nordseekrabben fixierten Feinschmeckern droht inzwischen Ungemach: Nach Beobachtungen der Bundesforschungsanstalt für Fischerei schrumpfen die Shrimps. Wurden früher bis zu zehn Zentimeter lange Tiere gefangen, sind sie heute durchschnittlich nur noch fünf Zentimeter lang – und gerade erst ein Jahr alt. Drastisch gesunken sind deshalb auch die Krabbenbestände vor der Küste. Noch in den 1990er-Jahren waren es mehr als 4000 Krabben pro Quadratmeter, heute sind es dagegen nur noch knapp die Hälfte. Gleichzeitig haben sich aber seit 1950 dank besserer Technik die Fangmengen vervierfacht. Um die Bestände für die Zukunft zu sichern, gibt es bereits erste Fangbegrenzungen für küstennahe Bereiche. Eine europaweite Regelung indes fehlt bislang.

LAMM

DER GEHEIMTIPP
vom Deichgrün

Das ganze Jahr hindurch setzen sich weiße Tupfer in die grüne Landschaft: Schafe und Lämmer, die auf den Nordseedeichen weiden. Doch Nordfrieslands Schafe sind mehr als Fotomotive und Kuscheltiere. Sie sind unverzichtbar im Küstenschutz, geschätzt als Fell- und Woll-Lieferant – und für Gourmets ein Hochgenuss. Gründe genug also, um sie seit 1995 alljährlich von Mai bis Juli in den Mittelpunkt der Nordfriesischen Lammtage zu stellen, die auch auf den Inseln gefeiert werden.

So viele Schafe wie Menschen

162 000 Schafe, darunter rund 66 000 Lämmer, sollen bei den 870 Schafhaltern in Nordfriesland zu Hause sein. Ihre Zahl ist damit fast ebenso hoch wie die Einwohnerzahl des gleichnamigen norddeutschen Landkreises. Auf den kleineren der Nordfriesischen Inseln haben die Schafe sogar meist die Übermacht: Auf Nordstrand beispielsweise ist das Verhältnis Mensch zu Schaf eins zu fünf. Bis heute sind Schafe auf den Inseln und im küstennahen Festland wichtiger landwirtschaftlicher Faktor. Von Südwestasien, wo die Schafzucht vor rund 4000 Jahren ihren Ursprung hatte, begannen die Schafe ihre viele Jahrhun-

derte während Wanderung über Persien und das Zweistromland nach Europa. In Nordfriesland gehörten sie wahrscheinlich von Anfang an zur Tierhaltung. Doch erst

JENS-UWE BURMEISTER AUS NORDSTRAND

vor etwa 100 Jahren erkannte man ihren Nutzen bei der Deichpflege und im Küstenschutz. Von Frühjahr bis Herbst übernehmen die Tiere im Vordeichland die Aufgabe eines „Rasenmähers" und halten das Gras kurz. Gleichzeitig treten die Schafe

mit ihren Klauen das Wurzelwerk fest, verdichten den Boden und düngen ihn mit ihrem Kot. „Diesen dreifachen Nutzen, der die Deiche stabilisiert und die Küstenschutzlinie sturmflutsicher macht, kann keine Maschine bieten", sagt Hans-Werner Baumbach, dessen Familie seit mehr als 100 Jahren auf Nordstrand eine Schäferei betreibt.

Um die Artenvielfalt der Region zu erhalten, wird jedoch nur die Hälfte der Salzwiesen von Schafen beweidet. Die meisten Salzwiesenpflanzen sind nämlich sehr empfindlich: Sie mögen weidende Schafe nicht und stellen bei deren Anwesenheit ihr Wachstum ein.

Dicke Wolle, schräge Lage

Doch auch Schafe brauchen gelegentlich Hilfe. Denn wenn einem Schaf die Sonne auf den Pelz, pardon: die Wolle, brennt, legt es sich gerne einmal nieder. Steht es bei dieser Aktion jedoch auf unebener Stelle, landet es nicht auf der Seite, sondern auf dem Rücken – alle vier Beine gen Himmel gestreckt. Aus dieser Zwangslage kann sich kein Schaf selbst befreien – denn mit der vielen Wolle, die das Körpergewicht um ein Vielfaches erhöht, kommt das Tier ohne fremde Hilfe nicht mehr auf die Beine. „Fremde, die das nicht wissen, denken, das Tier ist tot und rufen mich an", erzählt Schäfer Baumbach, „doch besser wäre, dem Tiere zu helfen." Denn bei schönem Wetter, so Baumbach, kann es

---

Steckrüben-Ragout mit Lammfleisch

Steckrüben und Kartoffeln galten einst als Arme-Leute-Essen, und auch das Schaffleisch – vielen als zäher, talgiger Hammelbraten in unguter Erinnerung – hatte nicht den besten Ruf. Das ist alles längst Vergangenheit. Steckrüben können köstlich sein, Kartoffeln delikat, und gut ausgewähltes Lammfleisch eine Delikatesse ohne jeden talgigen Anflug.

Zutaten (für 4 Personen) 1 kg Steckrüben, 500 g mehlig kochende Kartoffeln, 400 g

Lammschulter (entbeint), 200 g Crème double, 1 Liter Gemüsebrühe, 1 Gemüsezwiebel, 1 Bund Schnittlauch, 2 Knoblauchzehen, 1 Esslöffel Olivenöl, Salz, Pfeffer.
Zubereitung Kartoffeln in der Schale kochen, pellen und abkühlen lassen. Steckrüben putzen, schälen und in Würfel schneiden. Zwiebeln und Knoblauchzehen fein würfeln. Die Lammschulter in Würfel schneiden und gleichmäßig anbraten; die gewürfelten Zwiebeln und Knoblauchzehen hinzugeben und leicht glasig werden lassen. Dann die Steckrübenwürfel hinzugeben, mit der Gemüsebrühe auffüllen und bei leichter Hitze rund 30 Min. garen lassen. Die vorbereiteten Kartoffeln würfeln und mit der Crème double unter das gegarte Gericht heben. Mit Salz und Pfeffer würzen. Zum Servieren das Ragout mit kleinen Schnittlauchröllchen bestreuen.

Rund ums Lamm

Zu den renommierten Schäfereien der norddeutschen Westküste gehört die **Schäferei Baumbach** auf Nordstrand, gleich hinter dem Festlandsdamm. 300 Schafe beweiden dort den Außendeich, 450 Lämmer werden hier jedes Jahr geboren. Alles rund ums Lamm gibt es ganzjährig im Hofladen: frisches Lammfleisch, Lammwurstwaren und von Mai bis Oktober auch frischen Schafs- und Ziegenkäse – pur, in Öl, oder mit Kümmel oder Dill verfeinert. Wie vielfältig die Wolle der Schafe genutzt wird, zeigt sich beim Stöbern im großen Speicher: Neben kuscheligen Schaffellen liegen hier warme Wollsocken, Filzwaren – und Schafseife, die dank des enthaltenen Wollwachses Lanolin die Haut nicht austrocknet.

Schäferei Baumbach, Pohnshalligkoog-straße 1, 25845 Nordstrand,
Tel. 04842/495, Fax 04842/680,
www.lammfleisch.de

Mit grünen Bohnen serviert, ist Lammfilet ein Klassiker.

durchaus zwei bis drei Mal am Tag vorkommen, dass ein Tier in solch eine missliche Lage gerät.

Unter den Einheimischen ist Schafsdrehen daher noch immer erste Bürgerpflicht. Schließlich droht ohne fremde Hilfe der Tod – in Rückenlage drückt der schwere Pansen so stark auf das Zwerchfell, dass Schafe innerhalb von nur zehn Minuten ersticken können.

Salzwiesenlamm – eine Delikatesse

Die würzigen Salzgräser auf den Deichen und Weiden wie Andel und Strandwegerich sind für die Schafe die reinste Delikatesse – und verleihen Nordfrieslands Nationalgericht seinen unvergleichlichen Geschmack: dem Salzwiesenlamm. Sein zartes, aromatisches Fleisch, das seit Jahrzehnten französische Gourmets begeistert, lässt inzwischen zunehmend auch Herzen deutscher Feinschmecker höher schlagen. Zudem ist es äußerst gesund: Salzwiesenlammfleisch enthält wenig Fett, aber viel hochwertiges Eiweiß. Das liegt an seiner nordfriesischen Heimat. Die bis zu 45 Kilogramm schweren Jungtiere, geschlachtet im Alter von drei bis zwölf Monaten, ver-

bringen ihr kurzes Leben stets draußen, im milden Reizklima der Nordsee – und können auf den Wiesen und den ausgedehnten Deich- und Vorlandflächen reichlich Muskelfleisch aufbauen.

Wie vielfältig Lamm zubereitet werden kann, lässt sich am besten zu Zeiten der Nordfriesischen Lammtage entdecken. Sechs Wochen lang verwöhnen mehrere Dutzend Restaurants mit köstlichen Lammgerichten – und Beilagen, die es zu entdecken lohnt. Wellem Peters, Küchenchef der urigen „Seekiste" in Nebel auf Amrum, garniert seinen nordfriesischen Salzwiesenlammrücken zum Beispiel mit einem Gemüse, das ebenso ungewöhnlich wie landestypisch ist: Queller. Der dickfleischige „Spargel der Friesen", auch als „Meerfenchel" auf den nordfriesischen Speisekarten, wächst auf Amrum – wie überall woanders in der Region auch – auf den Wattwiesen.

Lammtage in Nordfriesland

Den Auftakt der Nordfriesischen Lammtage bildet die Krönung der Lammkönigin beim – natürlich – Lämmerball. Mindestens 18 Jahre alt, meist blond und perfekt

Plattdeutsch sprechend, vertritt die junge Frau ein Jahr lang den Kreis Nordfriesland als Urlaubsregion und wirbt für die vorzüglichen Salzwiesenlämmer – auf Bauernmärkten, im Fernsehen, bei vielerlei Festen und auf der Agrarmesse „Grüne Woche" in Berlin. Wie Gesa Christiansen, Lammkönigin des Jahres 2008, sind sie als meist Schäfers- oder Bauerstocher seit Kindesbeinen an vertraut mit den wolligen Deichbewohnern.

Das bunte Programm der Lammtage bietet neben kulinarischen Entdeckungen auch Gelegenheiten, auf einem modernen Milchschafbetrieb hinter die Kulissen der Tierhaltung, Wollverarbeitung, Milchgewinnung und Käseherstellung zu schauen. In Hofläden liegen Schafskäse und Lammsalami zum Probieren aus, bei Aktionstagen können Besucher selbst Wolle färben, spinnen, filzen und weben oder versuchen, ein Schaf zu scheren. Und wer danach meint, gleich seinen ganzen Urlaub hautnah bei Schaf und Lamm verbringen zu müssen, sollte eine sehr beliebte Unterkunftsform wählen: Ferien auf dem Bauernhof – auf den Inseln gehören Schafe meist zum Inventar.

GEISTLICHE FÜRSORGE
und geistige Stoffe

Seeleute sind ständig betrunken, lautet ein altes Vorurteil der auf dem Trockenen sitzenden Binnenländer. Doch wenn Kuttel Daddeldu an Land immer wieder zu tief ins Glas schaut, beweist dass nur, wie ausgetrocknet so ein Seebär nach seiner langen Fahrt sein kann. Er trinkt nicht viel, aber zuviel auf einmal. Wohl gemerkt: an Land.

Wen wundert es da, dass das Wort „Schnaps" an der Küste geboren wurde – im Niederdeutschen heißt nichts anderes als „Schluck". Die ersten klaren Schnäpse brachten Nowgoroder Kaufleute bereits im 14. Jahrhundert mit; 1665 eröffnete in Husum die erste nordfriesische Brennerei. Die hochprozentigen Klaren, die dort gebrannt wurden, galten als Heilmittel gegen allerlei Krankheiten und wärmten darüber hinaus in der Nasskälte nordfriesischen Wetters. Durch die vielen Hausbrennereien wurde Schnaps zum Alltagsgetränk des Volkes – zumal er billiger als Bier und sauberes Trinkwasser eine Rarität war. Besonders beliebt wurde Köm, ein Kümmelschnaps, den es in zwei Farben gibt. Als Kömgrenze gilt die nordfriesische Arlau. Südlich des Flusses, der bei Nordstrand in die Nordsee mündet, wird weißer, nördlich davon gelber Köm getrunken.

Oh, ihr Pharisäer!

Im Angesicht von Obrig- und Geistlichkeiten wurde der Appetit auf Hochprozentiges gerne versteckt. Dennoch: „Mindestens vier Zentiliter Rum muss ein echter Pharisäer nach einer Entscheidung des Amtsgerichts Flensburg aus dem Jahr 1981 enthalten", sagt Karl-Addi Martens, Wirt im traditionsträchtigen „Pharisäerhof", wo am 12. Oktober 1872 das Nationalgetränk der Nordstrander erfunden wurde. Anlass war die Taufe des siebten Kindes von Bauer Peter-Georg Johannsen,

Helene Patria. Der amtierende Inselpastor Georg Bleyer jedoch lebte äußerst asketisch und verbot den anwesenden Gästen jedweden Alkoholgenuss. Da griff Bauer Johannsen zu einer List. Er brühte einen starken, süßen Kaffee, veredelte ihn mit einem ordentlichen Schuss Rum und versteckte den Alkoholgeruch unter einer dicken Schicht Schafssahne. Für den Pastor gab es nur Kaffee pur. Doch die immer heiterer werdende Stimmung machte diesen misstrauisch. Energisch griff er zur Tasse seiner Nachbarn links und rechts, trank deren Tassen leer – und zischte wütend seinen ungehorsamen Schäfchen entgegen: „Ihr Pharisäer". Und damit hatte das Nationalgetränk der Nordfriesen nicht nur seinen Namen, sondern auch eine Geschichte, die bis heute lebendig ist: 1979 widmete die norddeutsche Folkgruppe „Godewind" der Legende ein Lied.

Zwischen Glaube und Genuss

Der Dauerkonflikt zwischen Glaubensvorschriften und Genuss brachte eine ganze Reihe ähnlicher Getränke hervor. In der „Tote Tante" kommt Rum unter die Sahne-

HINTER DIESEN MAUERN HAT DER BERÜHMTE PHARISÄER SEINEN URSPRUNG

TEEPUNSCH – HIER MIT ZITRONE VERFEINERT

haube heißer Schokolade. Die „Föhrer Bowle" wird zu jeder Gelegenheit in zwei jahreszeitlich angepassten Varianten genossen. Im Sommer besteht sie in einem gleichberechtigten Mix aus Rum und Limonade. Im Winter wärmt sie mit wenig Tee und viel Köm den Körper. Ob kalt oder warm, eines ist jedoch immer gleich: Die Föhrer Friesen trinken ihre Bowle aus

PHARISÄER IST EIN KÖSTLICHER BEGLEITER JEDWEDER KUCHENSPEZIALITÄT

Friesischer Langkohl

Die neue Leidenschaft wurde entfacht, als 1735 ein Tee-Clipper auf dem Weg zum dänischen Königshof vor Amrum strandete. Seine Teekisten wurden an den Strand gespült, und die Amrumer schleppten das Standgut wie immer in ihre Häuser. gehörte Grünkohl damals zu den Grundnahrungsmitteln, und so wurde das unbekannte Trockengemüse als „Langkohl" zubereitet: in Wasser gekocht und mit Schweinebacke und Rauchfleisch serviert. Erst Jahre später zeigten heimgekehrte Seefahrer den Insulanern, wie Tee tatsächlich zubereitet wird.

Doch auch diese neue, nullprozentige Liebe war den gestrengen Geistlichen nicht genehm. So berichtete Pastor Ernst Kruse 1834 entsetzt seinem Dienstherrn: „Die Bewohner der Halligen erhöhen ihre Mortalität dadurch, dass sie drei- bis fünfmal Thee trinken." Ganz unbegründet war dieser Hinweis nicht, denn längst hatten die Nordfriesen eine neue Variante der Zubereitung erfunden, die ihnen noch besser schmeckte – „Teepunsch" mit etwas Kandis und viel Rum.

kleinen Schalen – und stets ex. Ebenfalls als wärmendes Heilmittel bei jeder Wetter- und Lebenslage geschätzt wird Grog: wenig Wasser, viel Rum und Zucker nach Belieben. Mit Eigelb, Vanillezucker, einem Schuss Zitronensaft und flüssiger Sahne veredelt, gilt der „Eierpunsch" unter Friesen als Frauengetränk. Doch was wurde getrunken, wenn ein tatsächlicher Durst den Seemann quälte? Bier! Ein selbst gebrautes kühles Blondes war – neben Milch und Buttermilch – das Hauptgetränk, bis die Nordfriesen eine neue Leidenschaft entdeckten: den Tee.

Die schönsten Teestuben

Sie sind herrliche Orte, um miteinander zu plaudern, zu lesen und vom Alltag abzuschalten – die Teestuben der Nordfriesischen Inseln. Dort wird der Teegenuss zu einer Zeremonie. Die Teekanne auf dem Stövchen, kommen erst ein paar Kluntjes, dicke Brocken Kandiszucker, in die Tasse. Wird nun der Tee eingegossen wird, beginnt ein Knistern und Knacken, das die Inselfriesen so lieben. Erst, wenn es endet, legen sie vorsichtig die echte Sahne mit einem Löffel hinein, damit sie wie ein weißes Wölkchen im Tee schwebt …

Der Garten ist lauschig, die Stube gemütlich, der Kuchen der **Kleinen Teestube** hausgemacht – und die Teeauswahl riesig. Sehr begehrt sind die wenigen Strandkorb-Plätze; dort kann man die Friesentorte mit Tee ganz für sich genießen (Westerhörn 2, Keitum/ Sylt, Tel. 04651/318 62, www.kleineteestube-sylt.de).

Auf einem Hügel am Wattenweg zwischen Norddorf und Nebel lädt seit drei Generationen das **Teehaus Burg** zu Einkehr und Stärkung – mit köstlichen Tees und leckeren Buchweizenpfannkuchen von süß bis herzhaft (Boragwai 2, Norddorf/Amrum, Tel. 04682/23 58, www.teehaus-burg.de).

Das Kapitänshaus in Oldsum ist ein liebenswertes Unikum: Unter dem Dach von **Stelly's Hüüs** werden ein Kuriositätenmuseum, eine Töpferei und eine Teestube mit ausgefallenen Teesorten vereint (Oldsum 38, Oldsum/Föhr, Tel. 04683/306).

Auf dem 1751 erbauten Reetdachhof Pergande kommen Eltern und Kinder gleichermaßen auf ihre Kosten: Während der Nachwuchs in der **Föhrer Kerzenscheune & Teestube** Kerzen zieht, können die Großen sich mit hausgemachten Kuchen oder Kartoffelwaffeln am knisternden Kamin oder auf der Sonnenterrasse stärken (Poststraat 7, Nieblum/Föhr, Tel. 04681/58 01 43, www.hof pergande.de).

Keramikkunst und Teegenuss paaren sich in der gemütlichen **Nordstrander Teestuv,** das bei Schietwetter das Richtige zum Aufwärmen serviert – einen Teepunsch

In Keitum auf Sylt ist diese Teestube zu finden

(Süden 42, Nordstrand, Tel. 04842/82 18, www.nordstrander-teestuv.de).

Karen Tiemann serviert in ihrem hübschen **Blauen Pesel** auf der Hooger Backenswarft nicht nur hausgemachten Kuchen und Halliggebäck zum kräftigen Friesentee, sondern auch den halligweit besten „Pharisäer" (Backenswarft 2, Hallig Hooge, Tel. 04849/ 231, www.blauerpesel.de).

ANREISE

Auto Von Hamburg aus auf der Autobahn A 23 bis nach Heide, danach führt die (vielbefahrene) Bundesstraße B 5 weiter nach Husum und Niebüll. Wichtigster Fährhafen mit Autoverladung zu den Nordfriesischen Inseln ist Dagebüll. Wer Sylt zum Ziel hat, kommt schneller auf der Autobahn A 7 Richtung Flensburg voran. Von der Ausfahrt Harrislee führt die B 119 nach Niebüll, wo die Verladung auf den Sylt Shuttle hinüber zur Insel erfolgt (Info: Tel. 0180/5934567/0,14 €/Min., www.bahn.de/syltshuttle).

Bahn Westerland auf Sylt wird von IC-Zügen der Deutschen Bahn und Regionalzügen der NOB Nord-Ostsee-Bahn angefahren. Endstation für die anderen Insel ist der Fährhafen Dagebüll, der per Bahn über Niebüll erreicht wird.

Flug Westerland auf Sylt (www.flughafen-sylt.de) wird von 17 deutschen und europäischen Städten aus angeflogen. Lufthansa (www.lufthansa.com) startet in Berlin/Tegel, Düsseldorf, München und Stuttgart, Air Berlin (www.airberlin.com) außerdem in Dresden, Hamburg und Nürnberg zur Insel, TUIfly (www.tuifly.com) nur in Köln/Bonn und Stuttgart. Sylt Air (www.syltair.de) und Air Hamburg (www.air-hamburg.de) bieten regelmäßige Verbindungen nach Hamburg bzw. Hamburg-Uetersen. Vom kleinen Flugplatz in Wyk auf Föhr (www.flugplatz-wyk.de) heben die Maschinen der Westküstenflug Lange GmbH Richtung Sylt, Hamburg, Düsseldorf, Berlin und Kopenhagen ab (www. westkuestenflug.de).

Schiff/Fähre Autofähre ab Dagebüll-Mole nach Föhr und Amrum, ab Schlüttsiel nach Hooge, Langeneß und Amrum (W.D.R. Wyker Dampfschiffs-Reederei Föhr-Amrum GmbH, 25938 Wyk auf Föhr, Am Fähranleger 1, Tel. 04681/800, Fax 04681/8 01 12, www.faehre.de). Autofähre ab Strucklahnungshörn/Nordstrand nach Pellworm (N.P.D.G. Neue Pellwormer Dampfschiffahrts Gesellschaft mbH, Postfach 69,25849 Pellworm, Tel. 04844/753, Fax 04844/354, www.faehre-pellworm. de). Autofähre ab Havneby/Rømø nach List/Sylt (Rømø-Sylt-Linie GmbH & Co. KG, Norderhofenden 19, 24937 Flensburg, Tel. 1800/310 30 30/ 0,09 €/Min., Fax 0461/8 64 30, www.frs.info). Für Fußgänger/Radfahrer ab Strucklahnungshörn nach Pellworm, den Halligen und zwischen Amrum und Sylt (Adler-Schiffe GmbH & Co. KG, Boysenstraße 13, 25980 Westerland, Tel. 04651/ 9 87 00, Fax 04651/2 63 00, oder Hörnstraße 3, 25845 Nordstrand, Tel. 04842/9 00 00, Fax 04842/90 00 21, www.adler-schiffe.de).

AUSKUNFT

Überregional Tourismus-Agentur Schleswig-Holstein, Wall 55, 24103 Kiel, Info-Tel. 01805/ 60 06 04 (0,14 €/Min. / tgl. 8.00–22.00 Uhr), Fax 01805/60 06 44 (0,14 €/Min.), www.sh-tourismus.de
Regional Nordsee-Tourismus-Service GmbH, Zingel 5, 25813 Husum, Info-Tel. 01805/06 60 77 (0,14 €/Min.), Tel. 04841/89 75 75, Fax 04841/48 43, www.nordseetourismus.de
Vor Ort s. Infoseiten
Naturschutzorganisationen Landesamt für den Nationalpark Schleswig-Holsteinisches Wattenmeer, Nationalparkverwaltung, Schlossgarten 1, 25832 Tönning, Tel. 04861/9 62 00, Fax 04861/ 61 69, www.wattenmeer-nationalpark.de. Naturschutzgesellschaft Schutzstation Wattenmeer e. V., Grafenstraße 23,24768 Rendsburg, Tel. 04331/ 2 36 22, Fax 04331/2 52 46, www.schutzstation-wattenmeer.de. Verein Jordsand zum Schutze der Seevögel und der Natur e. V., Bornkampsweg 35, 22926 Ahrensburg, Tel. 04102/3 26 56, Fax 04102/ 3 19 83, www. jordsand.de

ESSEN UND TRINKEN

Seeluft macht hungrig – und so dominieren auf den Nordfriesischen Inseln **herzhafte Speisen:** Fisch, Meeresfrüchte, Schwein, Rindfleisch, Lamm, Kartoffeln und Kohl. Mitunter erstaunt jedoch die Zubereitung. Fisch und Fleisch werden ebenso

Kulinarisches Aushängeschild Sylts: „Jörg Müller"

gerne kombiniert wie Salziges mit Süßem. Bratkartoffeln beispielsweise werden zum Kohl mit Zucker bestreut – und dadurch noch krosser. Und Salat gern mit einem süßen Zitronen-Joghurt- oder Sahne-Dressing serviert …

Als **Gourmet-Mekka** gilt Sylt: Wo sonst im Land leuchten die Michelin-Sterne heller und konzentrierter? Vier Spitzenköche zelebrieren hohe Kochkunst: Holger Bodendorf, Johannes King, Jörg Müller und Alexandro Pape. Alljährlich laden sie im Januar zum Gourmet-Festival auf „die Insel" (www.gourmet-festival-sylt.de).

Auf Sylt ist Deutschlands einzige **Austernzucht** ansässig: Dittmeyer's Austern-Compagnie. Drei Jahre lang reift die „Sylter Royal" vor List heran, bis die Felsenauster 60–90 Gramm schwer ist und geerntet werden kann. **Scholle** und **Seezunge** werden gerne in Speck gebraten oder mit Krabben serviert; auch **Hering** und **Dorsch** finden sich häufig auf der Karte. **Labskaus** schmeckt besser, als die Optik es ahnen lässt; für das klassische Seemannsgericht werden Fisch (Hering oder Stockfisch) und Fleisch (Gepökeltes vom Rind oder Schwein) gemeinsam mit Kartoffeln und Zwiebeln püriert, von einem Spiegelei gekrönt und mit Roter Beete und Saurer Gurke serviert. Eine Spezialität unter den Fleischgerichten ist das **Deich- oder Salzwiesenlamm** (s. auch S. 108). Auch Lammsalami ist eine Delikatesse.

Der Dessert-Klassiker heißt **Rote Grütze** und besteht aus einem angedickten Fruchtbrei roter Beeren, der mit (Schlag-) Sahne oder Vanillesoße serviert wird.

Nachmittags schmeckt die **Friesentorte;** sie besteht aus Blätterteig, Pflaumenmus und reichlich Schlagsahne. Dazu trinken echte Friesen **Tee** mit Kluntjes (Kandiszucker) und echter Sahne – die

Tipp

Zum Weiterlesen

„Falscher Hase", Jörn Ingwersens zweiter Sylt-Roman, ist dichter und spannender als der Vorgänger „Schafsköpfen". Diesmal lässt der Sylter Autor und Musiker seinen Strandwächter Asche in ein gefährliches Spiel schlittern. Sabine Nielsen, mit 20 Jahren nach Australien ausgewandert, hat nach ihrer Rückkehr in die Heimat ihren ersten Roman „Ebbe, Flut und Tod. Das Geheimnis der Schwestern" als Föhrer Familiensaga verfasst: Die vier Schwestern Fritzi, Kerrin, Ose und Arne kommen nach einer Reihe Turbulenzen in ihrem Leben wieder auf der Insel Föhr zusammen, wo sie Kindheit und Jugend verbracht haben. In Gisa Paulys „Die Tote am Watt" wird eine vermögende Witwe erdrosselt auf Sylt aufgefunden. Zum Schrecken von Hauptkommissar Erik Wolf mischt sich seine italienische Schwiegermutter Mamma Carlotta in den Fall ein – und sorgt mit ihrem Temperament nicht nur für Spannung, sondern auch beste Unterhaltung. Und wer die größte der deutschen Nordseeinseln noch genauer kennenlernen will, ist mit dem **Baedeker Allianz Reiseführer „Sylt"** bestens bedient.

Sommer, Sonne, Strandkorb

Premium Strandkörbe für den Urlaub Zuhause!
Das Highlight für Ihren Garten.

Hochwertige Materialien, wie Teakholz, Messing und Rattan.
Superbequeme Polster aus Spezial-Schaumstoff und Dralon.
1A-Qualität zum unschlagbaren Preis!

Hier eine kleine Auswahl:

EUR 1.179,00

Jumbo-Teak, karo-grau

EUR 1.179,00

Jumbo-Teak, **Mimi**

EUR 699,00

Piccolo-Teak, karo-grün

maw - creativ

Strandkörbe und Flechtmaterial

Bachstraße 1a - 22885 Stemwarde

Tel./Fax: (040)710 08-919/-920

www.maw-creativ.de

Öffnungszeiten:
Mo.-Do.: 9.00 - 16.00 Uhr
Fr. + Sa.: 9.00 - 13.00 Uhr

*Preise inkl. MWSt, ab Lager 22885 Stemwarde

EUR 1.099,00

Jumbo-Teak, karo-rot

Daten und Fakten

Geografische Lage: Die Nordfriesischen Inseln und Halligen liegen an der Westküste Schleswig-Holsteins und erstrecken sich von der dänischen Grenze im Norden bis zur Halbinsel Eiderstedt. Entstanden ist die Inselwelt, einst Teil von mehreren großen Landmassen, durch Naturkatastrophen und Sturmfluten. So war Sylt bis zur Marcellusflut 1362 Teil des Festlands. Pellworm, Nordstrand und die Hallig Nordstrandischmoor entstanden, als 1634 die Insel Strand in drei Teile zerbrach. Heute wird die Inselwelt mit Deichringen, Sandvorspülungen, Beton- und Granitblöcken gegen die Erosionskraft von Wind und Wasser verteidigt. Doch nicht immer erfolgreich: An seiner Südspitze verliert Sylt noch immer Land, während die Insel im Norden am Ellenbogen wächst – ebenso wie Amrum an seiner Nordwestseite.

Bevölkerung: Auf 21000 Einw. kommen 16000 Zweitwohnsitze: Auf Sylt wird der Wohnraum für Einheimische knapp – und bei 25000 Euro und mehr pro Wohnquadratmeter unbezahlbar. Rund 4000 „Sylter" pendeln daher vom Festland zur Arbeit auf die Insel. Recht dicht besiedelt sind auch die Ferieninseln Amrum (2300 Einw.) und Föhr (4450 Einw.), und selbst die Bauerninseln Pellworm (1100 Einw.) und Nordstrand (2250 Einw.) sind längst nicht mehr menschenleer. Rückgängig ist die Bevölkerungsentwicklung einzig auf den Halligen, die insgesamt nur noch rund 230 Einw. zählen.
Eine Renaissance erfährt die Sprache der Vorfahren, die heute auch wieder in den Schulen unterrichtet wird. Mit der Verabschiedung des „Friesisch-Gesetzes" (2004) zur zweiten offiziellen Landessprache aufgestiegen, ist die alte west-friesische Sprache jetzt auch im Straßenbild wieder präsent. Die Ortstafeln und Beschriftungen an öffentlichen Gebäuden sind inzwischen zweisprachig gestaltet, und vielerorts weht die friesische Fahne gold-rot-blau neben der schleswig-holsteinischen Landesfahne. Jede Insel hat ihre eigene Mundart des Friesischen. Auf Sylt heißt sie Sölring, auf Amrum Öömrang, auf Föhr Föhring. Neben dem Friesischen ist in den ländlich geprägten Gebieten der Inseln auch die niederdeutsche Sprache, Platt (-deutsch), zu hören.

Wirtschaft und Tourismus: Tragende Wirtschaftssäule der Inseln ist der Tourismus. Wachsende Besucherzahlen sorgen besonders auf Sylt für einen (Bau-)Boom. Mehr als 700 neue Zimmer sollen bis Ende 2009 die existierenden 56000 Betten ergänzen; mehr als 200 Mio. Euro werden dazu in Großprojekte investiert. Längst hat die Insel das ganze Jahr über Saison, sind Hotels und Restaurants auch im Februar zum Biikebrennen ausgebucht.
Kaum noch eine Rolle spielt hingegen die Küstenfischerei, die einst die Bevölkerung ernährte. Die Landwirtschaft besitzt nur auf den Marscheninsel Pellworm und Nordstrand sowie den Marschen von Föhr und im Osten von Sylt Bedeutung. Dort prägen Getreide- und Rapsfelder sowie Viehweiden das Landschaftsbild. Im Deichvorland ist die Schafzucht zugleich eine Säule des Küstenschutzes.

Natur: Der 1985 gegründete Nationalpark Schleswig-Holsteinisches Wattenmeer ist mit 4410 km² größter zwischen Nordkap und Sizilien. Er umfasst das Wattenmeer zwischen der dänischen Grenze im Norden und der Elbmündung im Süden mit Ausnahme der Inseln und der fünf großen Halligen. In zwei Schutzzonen unterteilt, ist Zone 1 für Besucher gesperrt; Ausnahmen werden nur bei geführten Wattwanderungen auf festgelegten Routen gemacht.
Der Nationalpark schließt auch ein 1240 km² großes Walschutzgebiet für Schweinswale ein, die vor Sylt und Amrum ihren Nachwuchs gebären. Unter besonderem Schutz stehen auch die Kegelrobben, die ihre Jungen im Winter vor der Hörnumer Odde zur Welt bringen. Das Wattenmeer ist zudem das vogelreichste Gebiet in Mitteleuropa und eine zentrale Drehscheibe auf dem ostatlantischen Zugweg der Küstenvögel. Mehr als 2 Mio. Vögel ziehen hier alljährlich durch, etwa 100000 Paare brüten auf den Salzwiesen, am Strand und in den Dünen des Nationalparks.

Die friesischen Farben flattern überall auf den Inseln

Ebbe und Flut; nur am Sylter Weststrand kann rund um die Uhr ein Bad in der Nordsee genossen werden. Doch Vorsicht: Bei ablaufendem Wasser ist die Sogwirkung der Ebbe so stark, dass selbst geübte Schwimmer ins Meer hinaus gezogen werden können. Auf Sylt besteht zudem ein absolutes Badeverbot an der Südspitze der Insel und im Norden am Ellenbogen, wo lebensgefährliche Strömungen herrschen.

Fahrradfahren Die Nordfriesischen Inseln sind ideal für Radfahrer – auch, wenn der Wind meist von vorn kommt. Auf Sylt haben die vom Autoverkehr getrennten Radwege inzwischen eine Länge von 200 km erreicht; attraktiv ist eine Tour auf der Trasse der ehem. Inselbahn von List nach Hörnum. Markierte Radrouten bieten auch Amrum, Föhr, Pellworm und Nordstrand. Auf Sylt und Föhr gibt es Linienbusse, die Fahrräder huckepack mitnehmen.

Golf Auf Sylt gibt es vier Golfplätze. Zu den schönsten Anlagen an der deutschen Küste gehört der 18-Loch-Platz bei Kampen – die Abschläge erfolgen mit Blick auf Leuchtturm, Braderuper Heide und Wattenmeer. Auf dem Platz des Marine-Golf-Clubs (MGC) im Norden des Flughafens können Gastspieler jetzt auf 18 Bahnen einlochen. Nur begrenzten Zutritt für Gastspieler gewährt der 9-Loch-Platz des Golfclubs Morsum im Osten der Insel. Jüngste Anlage ist der Course Budersand in Hörnum. Auf Amrum gibt es keinen Golfplatz, auf Föhr kann auf einem 18-Loch-Platz in Nieblum abgeschlagen werden.

Nordic Walking Der Nordic-Walking-Park Sylt durchzieht mit 26 Routen auf 220 km die gesamte Insel. Die 1,6 bis 18,7 km langen Strecken sind in drei Schwierigkeitsstufen unterteilt: Leichte Einsteigerstrecken sind blau, mittelschwere Routen rot, schwierige schwarz gekennzeichnet. Am Nordic-Walking-Tag Ende Mai begleiten Wattführer und Nordic-Walking-Lehrer die Teilnehmer

nicht schnöde hinein gegossen, sondern vorsichtig hinein gelegt wird und so in weißen Wölkchen im Tee schwebt, während die Kluntjes knistern und knacken.
Zu den hochprozentigen Angeboten gehören **Teepunsch** und **„Pharisäer"**, die nicht nur köstlich schmecken, sondern auch mit unterhaltsamen alten Geschichten verbunden sind (s. S. 110).

SPORT UND FREIZEIT

Baden Auf den Geestinseln Sylt, Amrum und Föhr gibt es Sandstrände, auf den Marscheninseln Grünstrände – Rasenflächen mit Duschen und Liegeflächen auf dem Deich. Einzig auf Nordstrand ist bei Fuhlehörn auch ein kleiner Sandstrand vorhanden. Das Baden ist abhängig von

auf der 10 km langen Wattenmeertour von Amrum nach Föhr.

Reiten Auf allen Inseln laden Reitställe zu Ponyreiten, Reitunterricht und Ausritten ein. Ein besonderes Erlebnis sind Strand- und Wattritte.

Surfen Sylt gilt als das Hawaii Europas: Hier treffen sich die kühnsten Wellenreiter der Welt. Ende Sept. ist der Brandenburger Strand von Westerland Veranstaltungsort des World Cup Sylt, des weltweit größten Wettkampfs der Windsurf-Profis. Auch Amrum besitzt zwei Surf-Spots mit Surfschulen vor Ort – am Nebeler Hauptstrand und am Norddorfer Strand. Auf Föhr bietet die Nieblumer Surfschule Kurse an. Ein zweiter Surfspot ist der Strandabschnitt 13 bei Utersum.

Wattwandern Die Naturlandschaft Wattenmeer lässt sich am sichersten auf geführten Wattwanderungen entdecken. Allein sollte sich niemand hinaus ins Watt wagen, denn seine Gefahren sind für Laien nicht – oder erst zu spät – erkennbar. Der häufigste Fehler ist, die Flut zu unterschätzen. Plötzlich und vollkommen ohne Vorankündigung kann Seenebel auftreten. Ebenfalls eine große Gefahr ist Gewitter. Im Watt ist der Mensch weit und breit höchster Punkt – und wird daher am ehesten vom Blitz getroffen.

UNTERKUNFT

Die Inseln bieten unzählige Angebote. Nachfolgend eine kleine, von Varta-Experten geprüfte Auswahl; weitere Adressen im „Varta-Führer" (im Buchhandel erhältlich):

Amrum €€€/€€ **Hotel Hüttmann,** Ual Saarepswai 2-6, 25946 Norddorf, Tel. 04682/ 92 20, Fax 04682/92 21 13, www.hotel-huettmann.de. Aus mehreren Häusern bestehender Hotelkomplex. Empfehlenswertes Restaurant, Wellness, Fahrradverleih, Reiten, Parkplätze. 59 Zimmer, 9 Suiten, Nichtraucherhotel.

€€ **Ual Öömrang Wiartshüs,** Bräätlun 4, 25946 Norddorf, Tel. 04682/836, Fax 04682/14 32, www.deramrumer.de / ual-oeoemrang-wiartshues. Reetgedecktes Friesenhaus, Empfehlenswertes Restaurant, Sauna, Parkplätze. 10 Zimmer, 2 App.

€€€/€€ **Seeblick,** Strandstraße 13, 25946 Norddorf, Tel. 04682/92 10, Fax 04682/25 74, www.seeblicker.de. Mehrere Häuser mit schönem Garten. Restaurant, Wellness, Parkplätze. 41 Zimmer, Ferienwohnungen.

Preiskategorien

€€€€	Doppelzimmer	über 200 Euro
€€€	Doppelzimmer	150–200 Euro
€€	Doppelzimmer	100–150 Euro
€	Doppelzimmer	50–100 Euro

Föhr €€€ **Landhotel Villa Witt,** Alkersumstieg 4, 25938 Nieblum, Tel. 04681/5 87 70, Fax 04681/58 77 58, www.hotel-witt.de. Kleines, aber feines Hotel mit geschmackvoll ausgestatteten 6 Zimmern und 3 Suiten. Empfehlenswertes Restaurant.

€€ **Landhaus Laura,** Buurnstrat 49, 25938 Oevenum, Tel. 4681/5 97 90, Fax 04681/59 79 35, www.landhaus-laura.de. Reetgedecktes Friesenhaus mit empfehlenswertem Restaurant. Fahrrad-

Geschichte

3./1. Jt. vor Chr. Von vorgeschichtlicher Besiedlung zeugen u. a. das Großsteingrab Denghoog (Steinzeit) und die Tinnumsburg (Eisenzeit) auf Sylt, die Reste eines eisenzeitlichen Dorfes auf Amrum sowie Steingräber und Kleinfunde auf Föhr.

7. Jh. Friesen besiedeln das heutige Nordfriesland und seine Inseln.

8.–10. Jh. Wikinger bedrängen die Inseln.

12. Jh. Im Zuge der Christianisierung entstehen Kirchen auf Sylt, Föhr und Pellworm.

13. Jan. 1362 Die Marcellusflut oder „Grote (oder erste) Mandränke" verändert die Landkarte: Sylt wird zur Insel, Rungholt geht unter, Tausende Menschen sterben.

15. Aug. 1368 Teilung Sylts: Königin Margrethe I. schenkt dem Herzog von Schleswig den südlichen und mittleren Inselteil, einzig List verbleibt beim Königreich Dänemark.

11./12. Okt. 1634 Burchardiflut oder Zweite „Mandränke": Die Insel Strand wird in drei Teile zerrissen: Nordstrand, Pellworm und Nordstrandischmoor.

17./18. Jh. Mit dem Walfang bricht ein „Goldenes Zeitalter" an; vom Petritag (21. Febr.) bis Michaeli (29. Sept.) arbeiten Inselfriesen auf holländischen, englischen und dänischen Walfängern vor Grönland und Spitzbergen. Dem Niedergang dieses Gewerbes folgt eine Auswanderungswelle, vor allem nach Nordamerika.

1819 Wyk auf Föhr wird erstes Seebad Nordfrieslands, es folgen Westerland auf Sylt (1855) und Wittdün auf Amrum (1890).

1842–1847 Der dänische König Christian VIII. verbringt bis zu seinem Tod seine Sommerurlaube in Wyk auf Föhr.

1848–1866 Spannungen zwischen dem Deutschen Bund und Dänemark hinsichtlich des formal zum Bund gehörenden, aber vom dänischen Königshaus beherrschten Herzogtum Holstein führen erst zum Schleswig-Holsteinischen und später zum Deutsch-Dänischen Krieg. In der Folge kommen mit Holstein auch Schleswig und die Inseln Amrum, Föhr und ganz Sylt 1867 zu Preußen.

verleih, Reiten, Bootsverleih, Parkplätze. 9 Zimmer, 5 Suiten.

€€€/€ **Kurhaus Hotel,** Sandwall 40, 25938 Wyk, Tel. 04681/792, Fax 04681/15 91, www.kurhaushotel-wyk.de. Villenbau, vielfach mit Seeblick. Parkplätze. 35 Zimmer, 1 Suite.

€€/€ **Duus-Hotel,** Hafenstraße 40, 25938 Wyk, Tel. 04681/5 98 10, Fax 04681/59 81 40, www.duus-hotel.de. Mitten in der Altstadt von Wyk, in verkehrsberuhigter Lage, befindet sich dieses

1875 Auf Amrum wird der höchste Leuchtturm der deutschen Nordseeküste erbaut.

1896 Oland wird durch einen Damm mit dem Festland verbunden, 1899 auch Nordstrandischmoor und Nordmarsch-Langeneß.

1899–1902 Die Halligen Gröde und Appelland werden verbunden.

1888 Auf Sylt geht die Inselbahn in Betrieb (bis 1970), 1900–1939 auch auf Amrum.

1927 Der Hindenburgdamm wird nach vierjähriger Bauzeit eingeweiht. Sylt ist damit an das Festland angeschlossen.

1938 Reste des historischen Rungholt werden im Watt gefunden. Eindeichung des Rantumbeckens durch den Reichsarbeitsdienst.

1939–1945 Im Zweiten Weltkrieg ist Sylt Sperrgebiet, der Fremdenverkehr kommt zum Erliegen.

16./17. Febr. 1962 Die „Flutkatastrophe" sorgt auch auf den Inseln für größte Schäden. Nördlich Hörnum teilt die Flut die Insel Sylt; nahezu alle Häuser auf den Halligen werden unbewohnbar.

1983 Auf Pellworm nimmt die seinerzeit größte Photovoltaikanlage Europas ihren Betrieb auf.

1985 Gründung des Nationalparks Schleswig-Holsteinisches Wattenmeer, seit 1990 auch UNESCO-Biosphärenreservat.

1988 Seehundsterben aufgrund der Verschmutzung der Nordsee.

1998 Die Strandung des italienischen Frachters „Pallas" vor Amrum und die nachfolgende Ölverschmutzung der Schutzgebiete führen zur längst überfälligen Einrichtung eines „Havariekommandos" für die Küsten.

1999 Gründung eines Walschutzgebietes vor Amrum und Sylt.

2002 Ein erster Offshore-Windpark wird genehmigt. Es folgen weitere Genehmigungen für bis zu 600 km² große Anlagen vor der Westküste.

2009 Zu Jahresbeginn vereinen sich Westerland, Sylt-Ost und Rantum zur Großgemeinde Sylt. Zusammenschlüsse weiterer Inselgemeinden sollen folgen.

familiär geführte Hotel. Empfehlenswertes Restaurant. Reiten. 20 Zimmer.

Hooge € **Frerks Buernhus,** Lorenzwarft, 25859 Hooge, 04849/254, Fax 04849/275, www.hallig hotel.de. Behagliche 13 Zimmer, auch App.

Nordstrand € **Am Heverstrom,** Heverweg 14, 25845 Nordstrand-Süderhafen, Tel. 04842/80 00, Fax 04842/72 73, www.am-heverstrom.de. Zimmer teilw. mit Meerblick oder Terrasse. Empfehlenswertes Restaurant, Parkplätze. 10 Zimmer, 1 Suite.

Pellworm € **Kiek ut,** Hooger Fähre 6, 25849 Pellworm, Tel. 04844/90 90, Fax 04844/9 09 40, www.nordseehotel-pellworm.de. Fahrradverleih, Reiten, Parkplätze. 19 Zimmer.

Sylt €€€€ **Rungholt,** Kurhausstraße 35, 25999 Kampen, Tel. 04651/44 80, Fax 04651/4 48 48, www.hotel-rungholt.de. Familiär geführtes Privathotel nur wenige Minuten vom Strand entfernt. Restaurant, Wellness, Reiten, Parkplätze. 66 Zimmer, 21 Suiten, behindertengerechte Zimmer.

€€€/€€ **Reethüüs,** Hauptstraße 18, 25999 Kampen, Tel. 04651/9 85 50, Fax 04651/4 52 78, www.reethues-sylt.de. Behaglich mit Strandkorbplätzen. Sauna, Parkplätze. 20 Zimmer, 2 Suiten.

€€€€/€€€ **Aarnhoog,** Gaat 13, 25980 Sylt-Keitum, Tel. 04651/39 90, Fax 04651/3 99 10, www.aarnhoog.de. Komfortabel ausgestattet und bestens geführt. Schwimmbad, Wellness, Fahrradverleih, Reiten, Parkplätze. 1 Zimmer, 12 Suiten.

€€€/€€€ **Morsum Kliff,** Nösistig 13, 25980 Sylt-Morsum, Tel. 04651/83 63 20, Fax 04651/836 32 36, wwwhotel-morsum-kliff.de. Friesenhaus mitten im Naturschutzgebiet. Empfehlenswertes Restaurant, Fahrradverleih, Reiten, Parkplätze. 8 Zimmer, 2 Suiten.

€€€€ **Söl'ring Hof,** Am Sandwall 1, 25980 Sylt-Rantum, Tel. 04651/83 62 00, Fax 04651/836 20 20, www.soelring-hof.de. Nobel in elegantem Landhausstil mit empfehlenswertem Restaurant. Wellness, Parkplätze. 15 Zimmer, 4 Suiten.

€€€/€€ **Watthof,** Alte Dorfstraße 40, 25980 Sylt-Rantum, Tel. 04651/80 20, Fax 04651/8 02 22, www.watthof.de. Harmonisch mit Wattblick in die Deichlandschaft eingefügt. Restaurant, Schwimmbad, Sauna, Fahrradverleih, Reiten, Parkplätze. 24 Zimmer, 11 Suiten.

€€€€ **Landhaus Stricker,** Boy-Nielsen-Straße 10, 25980 Sylt-Tinnum, Tel. 04651/8 89 90,

Fax 04651/889 94 99, www.landhaus-stricker.de. Anspruchsvolle Hotelanlage in friesischem Stil inmitten eines schön angelegten Gartens. Empfehlenswertes Restaurant, Wellness, Reitmöglichkeit, Parkplätze. 17 Zimmer, 21 Suiten.

€€€€/€€€ **Hotel & Restaurant Jörg Müller,** Süderstraße 8, 25980 Sylt-Westerland, Tel. 04651/ 2 77 88, 04651/20 14 71, www.hotel-joerg-mueller.de. Im Gefolge des Sterne-Restaurants entstanden 22 App. und luxuriös ausgestattete Zimmer. Kochschule und Kochkurse, Wellness, Parkplätze.

€€€/€€ **Uthland,** Elisabethstraße 12, 25980 Sylt-Westerland, Tel. 04651/9 86 00, Fax 04651/98 60 60, www.hotel-uthland.de. Inseltypisches Klinkerhaus mit behaglicher Einrichtung. 16 Zimmer, 6 Ferienwohnungen.

€€€€/€€€ **Strandhörn,** Dünenstraße 20, 25996 Wenningstedt-Braderup, Tel. 04651/9 15 00, Fax 04651/4 57 77, www.strandhoern.de. Sylter Ferienhotel mit mit stilvollen Zimmern und schöner Badelandschaft. Empfehlenswertes Restaurant, Wellness, Parkplätze. 29 Zimmer, 10 Suiten, 6 App.

IMPRESSUM

Verlag: HB Verlag, Marco-Polo-Straße 1, 73760 Ostfildern, Postfach 3151, 73751 Ostfildern,
Tel. 0711/4502-0, Fax 0711/4502-135, www.hb-verlag.de, info@bildatlas.de
Geschäftsführer: Dr. Thomas Brinkmann, Dr. Stephanie Mair-Huydts
© HB Verlag 2009, für den gesamten Inhalt, soweit nicht anders angegeben
Chefredaktion und Programmleitung: Rainer Eisenschmid, Birgit Borowski
Redaktion: Horst Keppler
Text: Hilke Maunder, Hamburg
Exklusiv-Fotografie: Sabine Lubenow, Düsseldorf
Zusätzliches Bildmaterial: dpa/Ruth Hartwig-Kruse (97 u.), HB Bildarchiv/Karl-Heinz
Raach (S. 111 u.), HB Bildarchiv/Hartmut Schwarzbach (S. 90 o.), StockFood/Harry Bischof
(S. 108 u.), StockFood/Caspar Carlott (S. 110 u.r.), StockFood/FoodPhotogr. Eising (S. 104,
S. 107)
Grafische Konzeption und Art Direktion: fpm factor product münchen
Layout: CYCLUS Visuelle Kommunikation, Stuttgart
Kartografie: © MAIRDUMONT GmbH & Co. KG, Ostfildern
HB Bildatlas Fotoservice: HB Verlag, Marco-Polo-Straße 1, 73760 Ostfildern,
Tel. 0711/4502-266, Fax 0711/4502-1006, a.nebel@mairdumont.com

Für die Richtigkeit der in diesem HB Bildatlas angegebenen Daten – Adressen, Öffnungszeiten, Telefonnummern usw. – kann der Verlag keine Garantie übernehmen. Nachdruck, auch
auszugsweise, nur mit vorheriger Genehmigung des Verlages. Erscheinungsweise: monatlich.

Anzeigenvermarktung: MAIRDUMONT MEDIA, Tel. 0711/4502333, Fax 0711/45021012,
media@mairdumont.com, http://media.mairdumont.com
Vertrieb Zeitschriftenhandel: PARTNER Medienservices GmbH,
Postfach 810420, 70521 Stuttgart, Tel. 0711/7252-227, Fax 0711/7252-310
Vertrieb Abonnement: Zenit Pressevertrieb GmbH, Postfach 810640, 70523 Stuttgart,
Tel. 0711/7252-265, Fax 0711/7252-333, hbverlag@zenit-presse.de
Vertrieb Buchhandel und Einzelhefte: MAIRDUMONT GmbH & Co KG,
Marco-Polo-Straße 1, 73760 Ostfildern, Tel. 0711/4502-0, Fax 0711/4502-340
Reproduktionen: Otterbach Medien KG GmbH & Co., Rastatt
Druck und buchbinderische Verarbeitung: Neef + Stumme GmbH & Co. KG, Wittingen.
Printed in Germany

Überall im Pressefachhandel,
Buchhandel und Bahnhofsbuchhandel erhältlich
oder zu bestellen unter
Telefon 0711/4502-0, Fax 0711/4502-340

GOLD + SILBER
CHRISTOPH FREIER 04651.35882
E. JOHANNSEN WAI 1 KEITUM

**Geöffnet von 10 – 18 Uhr
Donnerstag Ruhetag**

Westerhörn 2 · 25980 Keitum
Telefon (0 46 51) 3 18 62

WITTHÚS
KUNST hand WERK
UND TÖPFEREI

Anka Weber
Am Kliff 5 A · 25980 Keitum / Sylt
Tel. 04651-3606 · Fax 04651-3406
www.witthues-keitum.de · info@witthues-keitum.de

TEE

**TEEKONTOR KEITUM
SYLT**

DIE ADRESSE FÜR GUTEN GESCHMACK
KEITUM . SIIDIK 15 . T 88 911 94

w w w . t e e k o n t o r k e i t u m . c o m

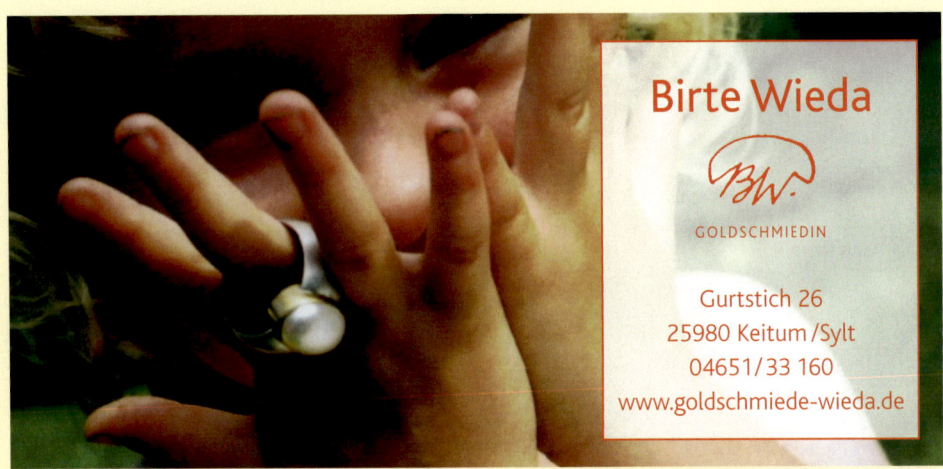

Birte Wieda
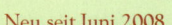
GOLDSCHMIEDIN

Gurtstich 26
25980 Keitum / Sylt
04651 / 33 160
www.goldschmiede-wieda.de

Neu seit Juni 2008

Barbian Family House

■ Erleben Sie ein persönlich geführtes kleines Luxusdomizil, in dem sich Gediegenheit und Privatsphäre verbinden mit der konsequenten Ausrichtung auf die Bedürfnisse anspruchsvoller Familien.

„*Niveauvoll wohnen mit Baby und Kind!*"

■ Sieben luxuriös eingerichtete Themen-Family-Suiten, Privatsaunen, der 4000 qm große Zaubergarten mit Spielschloss und der Schwimmteich mit integriertem Kinderbecken bieten Platz zum Relaxen, Spielen und Träumen.

■ Liebevoll und exklusiv für Baby und Kind: pädagogische Betreuung ab vier Monaten, Kinder(t)räume nach Wunsch mit edler Bettwäsche und Dekoration, Kinderbuffet.

Lassen Sie sich verzaubern!

Barbian Family House
Süderstraße 64A
25980 Keitum / Sylt

Telefon +49 (0)4651 9959 13
Telefon +49 (0)4651 9959 159

info@barbian-family-house.de
www.barbian-family-house.de

... zwischen Sylt und Nauders ...

Zwei Häuser reichlich 1000 km voneinander getrennt aber untrennbar verbunden sind unser Restaurant Meeresblick auf der Trauminsel Sylt in Wenningstedt der fast nördlichste Ort Deutschlands und unser Hotel Berghof in dem idyllischen Tiroler Ort Nauders am Dreiländereck, der fast südwestlichste Ort Österreichs. Nordisches, romantisches Landhausambiente in der weißen Villa wenige Schritte vom Meer entfernt und gemütliche, einladende Willkommensatmosphäre im Hotel neben dem Schloß mit Blick über den verträumten Ort.

Restaurant Meeresblick
Strandstr. 26
25996 Wenningstedt
Tel.: 04651-44422 • Fax: 04651-943151
E-Mail: info@restaurant-meeresblick.de
www.restaurant-meeresblick.de

Das Hotel neben dem Schloss
Am Schlossberg 321
A-6543 Nauders / Tirol
Tel: +43(0)5473 87365
E-Mail: hotel@berghof-nauders.com
www.berghof-nauders.com

Wenningstedt Braderup auf Sylt

...erweitert den Horizont

TRAUMURLAUB ⓘ 0 46 51 - 98 900

wenningstedt.de

SYLT
MEER. LEIDENSCHAFT. LEBEN.

Club Rotes Kliff
KAMPENSYLT

... the party goes on!

www.club-rotes-kliff.de

Braderuper Weg • Kampen/Sylt • Tel. 04651.434.00

DB BAHN

Fährt schnell.
Fährt direkt.
Fährt oft.
Ab 67 Euro nach Sylt.

Der Sylt Shuttle fährt in der Rekordzeit von nur 35 Minuten über den Hindenburgdamm. Bis zu 60-mal pro Tag, in den Spitzenzeiten alle 30 Minuten. Direkt ab dem Terminal Niebüll, bequem von der Autobahn A7 aus zu erreichen. Ankunft auf Sylt im zentral gelegenen Terminal in Westerland. Insassen und Gepäckbeförderung in allen Preisangeboten inbegriffen. Kostenlose Fahrradmitnahme bei Beförderung auf einem Dach- oder Heckträger. Besonders günstig ab 67 Euro* mit dem DiMiDo-Angebot dienstags, mittwochs, donnerstags. Sie sparen wertvolle Urlaubszeit und sind ruck, zuck am Strand.

Informationen unter Tel. 0180 5 934567 (14 ct/Min. aus dem Festnetz, Tarif bei Mobilfunk ggf. abweichend) oder unter www.bahn.de/syltshuttle.
Die Bahn macht mobil.

*Das DiMiDo-Angebot gilt nicht am 23.12.–31.12.2008, 07.04.–09.04., 28.04.–30.04., 19.05.–28.05., 09.06.–11.06., 22.12.–31.12.2009 und nur für Fahrzeuge bis 6 m Länge, 2,70 m Höhe und 3 t zulässigem Gesamtgewicht.

Sylt Shuttle

Nehmen Sie sich Zeit zum Stöbern!
Beginnen Sie Ihren Urlaub in der

Badebuchhandlung

Rolf K. Klaumann
Friedrichstraße 7 · 25980 Westerland
Tel. 0 46 51/2 26 09 · Fax 0 46 51/2 98 28
www.sylt-buch.de

ROCKNROLL-KINDERMODE
WWW.ROCKNROLL-KINDERMODE.COM
Wilhelmstraße 5 – 25980 Westerland/Sylt

Sylt ist bei jedem Wetter schön

Appartement Brünig

bietet me(e)hr

gut ausgestattete Appartements in Westerland, Wenningstedt
Tel. 0 46 51/58 58
Fax 0 46 51/58 59
www.appartement-bruenig.de
Email: bruenig-sylt@t-online.de

Sylter Himmel

Ferienwohnungen & Häuser – wir beraten Sie gerne!

KLUGE
Urlaubs Service
Kjeirstraße 20 · 25980 Westerland · Fon 04651/5015 · Fax 5018
Internet: www.kluge-sylt.de · E-Mail: kluge-sylt@t-online.de

DIE WERBE-IDEE
Süße Werbegeschenke erhalten die Freundschaft
Original Sylter Bonbon-Dosen mit IHREM Firmenlogo!
Holen Sie sich gleich Ihr Angebot:

ECHT
Sylter
Brisen-Klömbjes®
EXTRA HUSTENBONBONS

Echt Sylter Brisen-Klömbjes GmbH
Tel. (04651) 82 29-0 • Fax (04651) 82 29-39
sylter-brisen@t-online.de • www.sylter-brisen.de

DONNA & UOMO Renato Fascetti DONNA & UOMO

Exklusive Damen- & Herrenmode

PS Paul Smith · Paul Smith ACCESSORIES · Paul Smith LONDON · Paul Smith JEANS
ROBERTA SCARPA iS · CLASS roberto cavalli
SCERVINO Street · Serfontaine · PIANURASTUDIO

Ich freue mich auf Ihren Besuch!

Elisabethstraße 4 / Elisenhof · Westerland/Sylt
Telefon 04651/96 77 00 · Fax 04651/96 77 01

www.myspace.com/yampal
Chinese Reggae · Calypsoton · Reggae · Ska

IN VORBEREITUNG

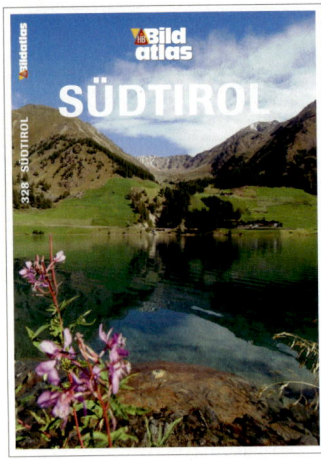

SÜDTIROL – liegt im Trend. Aus dem einstigen Ziel für Wanderer und Skifahrer ist auch eine Destination für Genießer geworden. Zumindest aus dem Süden Deutschlands schnell erreichbar, bietet sich die Alpenregion geradezu an für Ferien oder einen Wochenendtrip.

Ferienklassiker
Imposante Gipfel, sonnige Täler
Tipps für Aktive
Wandern in allen Höhenlagen
Wo es nach Äpfeln duftet
Obstanbau rund um Meran

LONDON – ist ganz einfach aufregend. Weltfinanzzentrum, multikulturelle Metropole und der Glanz des Empire – in London mischen sich Tradition und Moderne auf angenehmste Weise. Wir präsentieren Ihnen Bekanntes und Unbekanntes in spannenden Bildern.

Weltstadt mit Flair
Big Ben, Buckingham Palace & Co.
Shoppingparadies
Die besten Adressen
Typisch britisch!
Pubkultur und Five o'Clock Tea

LIEFERBARE AUSGABEN